RAFA

UM ANJO
MOROU LÁ
EM CASA

Uma História de Amor

2018

RAFA: UM ANJO MOROU LÁ EM CASA

by Nivaldo Nassiff, PhD

RAFA LEGACY

Published by Rafa Legacy.
For more information, contact our corporate/institutional
sales department (617) 908-5966 or
rafalegacy2018@gmail.com

Editor:

Alberto Matos

Revisor de texto:

Odilar Francisco Bombardieri

Cover:

Elton Pretel

Graphic Concept and Design:

—**studio**—

contact@pelicelistudio.com - Toronto, ON - Canada

Printing History: 1ª. Edition – January 2018

While every precaution has been taken in the preparation
of this book, the publisher and the author assume no
responsibility for errors or omissions, or for damages
resulting from the use of the information contained herein.

ISBN-13:978-1981430666

ISBN-10:1981430660

UM ANJO
MOROU LÁ
EM CASA

Uma História de Amor

Nivaldo Nassiff, PhD

Orlando, FL
2018

4

DEDICATÓRIA

Minha especial gratidão a Dona Aparecida, minha sogra e a Maria do Carmo, minha cunhada, que não mediram esforços para estarem ao nosso lado, desde os primeiros dias de vida de nosso Rafael, até os seus últimos dias. Abraçadas conosco, foram instrumentos do abraço divino em nossas vidas.

GRATIDÃO

Minha gratidão a Sofia Pupo, a "anotada"

Rafael escolheu adotar, como membro da nossa família, a nossa grande amiga Sofia Pupo. Como o Rafa dizia, Sofia era a "ANOTADA". E tudo quanto fazíamos como família, o Rafa nos lembrava de incluir a "anotada". Ele dizia: "Palinho, não esquece da "Sofo" hein? Lembra que ela é da família. Ela é anotada!" E por que? Porque Sofia o amou com um amor avassalador, extravagante e constante. Obrigado, Sofia, nossa "anotada" da família. Muito obrigado!

NAQUELA MESA
Nelson Gonçalves

"Naquela mesa ele sentava sempre

E me dizia sempre o que é viver melhor

Naquela mesa ele contava histórias

Que hoje na memória eu guardo e sei de cor

Naquela mesa ele juntava gente

E contava contente o que fez de manhã

E nos seus olhos era tanto brilho

Que mais que seu filho

Eu fiquei seu fã

Eu não sabia que doía tanto

Uma mesa num canto, uma casa e um jardim

Se eu soubesse o quanto dói a vida

Essa dor tão doída não doía assim

Agora resta uma mesa na sala

E hoje ninguém mais fala do seu bandolim

Naquela mesa tá faltando ele

E a saudade dele tá doendo em mim

Naquela mesa tá faltando ele

E a saudade dele tá doendo em mim"

GOSTAVA TANTO DE VOCÊ

Tim Maia

Não sei por que você se foi

Quantas saudades eu senti

E de tristezas vou viver

E aquele adeus não pude dar

Você marcou na minha vida

Viveu, morreu na minha história

Chego a ter medo do futuro

E da solidão que em minha porta bate

E eu

Gostava tanto de você

Gostava tanto de você

Eu corro, fujo desta sombra

Em sonho, vejo este passado

E na parede do meu quarto

Ainda está o seu retrato

Não quero ver pra não lembrar

Pensei até em me mudar

Lugar qualquer que não exista

O pensamento em você

E eu

Gostava tanto de você

Gostava tanto de você

Epígrafe

Não vos esqueçais da hospitalidade, porque por ela alguns, não o sabendo, hospedaram anjos **– Hebreus 13.2.**

Pela fé Abel ofereceu a Deus maior sacrifício do que Caim, pelo qual alcançou testemunho de que era justo, dando Deus Testemunho dos seus dons, e por ela, depois de morto ainda fala **– Hebreus 11.4.**

Escritor da Epístola aos Hebreus

Sumário

Prólogo

"O amor seja sem hipocrisia."
Romanos 12.9.

S into-me um privilegiado, depois de ler e reler várias vezes este livro, recomendá-lo. Vi-me inserido, como um personagem, em cada narrativa, observando tudo e aprendendo. Como tenho aprendido!

Nestas páginas, convido-os a conhecer um dos mais extraordinários adoradores e servos do Deus vivo, para o qual não havia impossibilidades, e o impacto que produziu, produz e produzirá em incontáveis pessoas.

É uma história sobre a profundidade do amor recíproco, sem hipocrisia, e como poderemos entender a relação de cumplicidade entre pais e filhos, que se amam sem limites. Somos levados a refletir, seriamente, em como medir a disposição e entrega dos pais em benefício de seus filhos. Como crucificar o egoísmo e exercer o altruísmo, na mais doce e profunda essência. Como lidar com a discrepância entre idealizado e realizado. Uma extraordinária e divertida narrativa sobre a cumplicidade do amor na produção de um fruto vistoso e permanente. Refletiremos sobre a vida e suas surpresas, relacionamentos em casa, com a igreja e sobretudo com o Pai Eterno.

Veremos o desenrolar da ação da família Nassif em busca da melhor maneira em ensinar e cuidar do seu "anjo caseiro", e ser surpreendida, dia-a-dia, com ensinamentos, da maneira mais simples e objetiva, vindo de alguém tão especial.

Muitos pré-conceitos, até mesmo conceitos "indiscutíveis" são postos a prova. E que prova! Fraquezas humanas são expostas, sem nenhum constrangimento, num desnudar-se diante do Deus Todo Poderoso, que tudo vê, sabe e pode.

Veremos que as limitações, muitas vezes impostas por uma sociedade doentia na qual vivemos, se desfazem diante do privilégio de ter e reconhecer a visitação especial de Deus em nosso lar.

De experiências em experiências, emoções em emoções, filho e pai, família toda, nos ensinam a viver sem máscaras, na mais profunda autenticidade. A não termos nenhuma barreira em demostrar o que somos, independente de fraqueza humana, indagações, questionamentos e dúvidas. A termos disposição em sermos moldados pelo grande Oleiro – O Senhor Deus Todo Poderoso.

Vejo em Nassif, além de grande amigo e irmão de fé, um exemplo de comprometimento profundo com o

Senhor da Vida: Jesus. Numa simplicidade cativante, alegria contagiante, entusiasmo profundo pela vida e pessoas. É alguém que se quer sempre ao lado.

Verão, nestas páginas de uma narrativa cativante, o quanto é precioso percebermos o quanto dependemos do Senhor da Vida, de Suas misericórdias, ensinamentos e ações que transcendem nosso entendimento.

Com muita autenticidade somos colocados diante do espelho a nos questionar sobre o que realmente somos, entendemos e como agimos diante das circunstâncias que nos são apresentadas.

Aqui está um autêntico manual da atuação especial de Deus, em e através de um ser tão especial: Rafael. Boa leitura e aprendizado.

Odilar Francisco Bombardieri

UM ANJO MOROU LÁ EM CASA

Prefácio

Confesso que escrever este prefácio foi uma das tarefas mais difíceis para mim. Eu já o reescrevi em minha mente várias vezes. Isto porque o livro é a história de uma família que tenho aprendido a amar e a admirar ao longo dos anos.

Conheço Nassiff desde os tempos de seminário, nos idos dos anos 1977, e mais do que isto, tive o privilégio de conviver com a sua família por muitos anos quando exerceu o ministério comigo na Primeira Igreja Batista de Curitiba.

Muitas das histórias narradas aqui eu acompanhei, tantas outras, ainda que não estivesse presente, por causa dos seus ministérios, primeiro no Canadá, depois nos Estados Unidos, continuei a acompanhar, mesmo que de longe.

Talvez a marca singular desta família possa ser descrita como amor incondicional. Algo que se aprende altruisticamente, e muitas vezes, em meio as lágrimas.

O livro deixa claro que nunca foram uma família perfeita, pois certamente não existe isto debaixo do sol. Mas uma família que tem tentado aprender, em meio a lutas e sofrimentos a amar uns aos outros, e pessoas a quem ministram de modo incondicional.

Ainda que o livro seja escrito como uma memória à presença abençoada do Rafael entre eles, é impossível não perceber ao longo das páginas como cada um dos membros desta família desenvolveu, de modo singular, este amor incondicional. Nivaldo, Lúcia, Camila, Rafael e Bruna; todos e cada um, de uma forma única e especial, são alvos e ao mesmo tempo são doadores deste amor, das mais intensas e variadas formas.

Ao ler o livro você será desafiado a aprender a encontrar alegria em meio aos desafios da vida. Alegria que é marca preponderante desta família. Mas não uma alegria estoica, ou desconectada da realidade como fuga. Não! Uma alegria elaborada. Que não nega as lutas, nem se acovarda. Que busca em Deus respostas que nem sempre poderão ser encontradas nesta dimensão terrena, mas que mesmo assim, para não perder a sua própria integridade, volta ao trono da graça para buscá-la. E o que percebi é que a resposta do trono tem sido amor incondicional que passa a ser experimentado e, de alguma forma, repartido entre eles e a partir deles conosco.

Neste sentido Rafael certamente foi um anjo nesta casa. Mas ao meu ver, a casa da família Nassiff é habitada por

anjos, pessoas que aprenderam a amar e a viver o amor para a glória de Deus.

Outra vez afirmo: não que sejam perfeitos! São humanos, vivem os seus altos e baixos, inclusive na fé, mas ainda assim, no fim de tudo, revelam amor incondicional.

Tenho certeza que a leitura deste livro vai fazer você rir e chorar, mas, sobretudo, vai desafiá-lo a amar.

Pr. Paschoal Piragine Junior

INTRODUÇÃO

Esta é uma tentativa de contar a história de vida de um dos seres humanos mais impressionantes que eu conheci. Uma pessoa cheia de amor, de paixão, de envolvimento com pessoas, com a vida, com a música e a boa comida. O único ser humano que eu conheci que era incapaz de fazer algum tipo de mal a alguém; jamais foi capaz de ferir a qualquer pessoa. Rafael era, neste mundo, a verdadeira expressão do ser-humano. A humanidade pôde ter nele um exemplo do que é ser humano.

Acredito que as Escrituras Sagradas, quando falam em santidade, querem se referir ao anseio de voltarmos a ser humanos outra vez. Que sermos humanos é "sermos" o que a história do primeiro casal nos mostra antes de pecar: pessoas que viviam um para o outro e para o "alto".

Parece ser esta a tarefa do Cristo encarnado, quando é nas Escrituras chamado de o "segundo Adão". Ser um "ser espiritual", nesta Terra, significa ser um "ser absolutamente humano". Porque, convenhamos, o sentimento de humanidade está se perdendo nos (e dos) seres humanos. No quê nos temos tornado?

Rafael foi prova viva de que "ser humano" é possível. Se eu puder, viverei meus próximos dias tentando lembrar do mais espetacular ser-humano com o qual já convivi. O mais lindo ser que nossa casa, nossa igreja e nossa comunidade, teve o privilégio de ver, sentir e amar.

Fomos todos alvos de seu amor incondicional, irrestrito, indiscriminado, extravagante e "imparável" (até o momento em que a morte o interrompeu)!!!

Nas primeiras partes deste relato, permiti expor meu coração, minhas entranhas, minha mente, vivendo a dor da perda. De 21 de abril a 2 de maio de 2017, vivi os mais horrendos dias de minha vida. Meu coração foi dilacerado cruelmente. Minha alma se viu confusa, golpeada com tanta violência que produziu uma dor inimaginável (que hoje me parece será eterna). Minha mente esteve (e ainda está) embriagada pelo choque, porquanto foi submetida a uma "dupla dose" de uma bebida com gosto de fel. Meu corpo cambaleava (e ainda cambaleia de tontura) atordoado, confuso, sem rumo. Naqueles dias, tudo à minha volta era em câmera lenta, desfocado. Meus sentidos foram apagados, pois não ouvia, não via, não degustava, não cheirava; nada e ninguém. Não sabia porque estava vivo — ou mesmo se o que agora tenho é vida.

A partir do capítulo 5 do livro, deixarei transparecer minhas conversas com o Senhor Deus, quando eu agonizava diante dEle, pedindo Sua intervenção de cura, que jamais chegou.

Durante os dias no hospital me via naquele barco dos discípulos de Jesus, em meio a tempestade, quase afundando, com Jesus dormindo tranquilo. Jesus parecia indiferente ao perigo. Os discípulos gritaram e Jesus despertou, transformando a tempestade em bonança. Como eu gritei para Jesus despertar no barco da vida de meu filho. Gritei, clamei, chorei, implorei. Não adiantou! Jesus deixou o barco ser consumido pela tempestade, naufragando com meu filho. A soberania do Senhor o faz decidir quem livrar, quem salvar, quem curar. Vibro com as curas e milagres do Senhor. Porém, desde então sempre penso: "Poxa, Ele sabe fazer milagres! Por que não o fez para meu filho? Por que será? Um dia me dirás, Senhor?

O propósito em escrever este livro não é oferecer consolação a quem perdeu um filho (se isto acontecer, ficarei feliz e grato a Deus), mas tão somente mostrar que cada pessoa reage de forma diferente à sua dor. Cada história de vida é sagrada. É única.

Quando li: "Anatomia de Uma Dor - C. S. Lewis", me animei a expor também a minha dor. Sem qualquer maquiagem, em minhas buscas por milagre, que não chegou (não do jeito que eu queria). Estive agonizando diante do Pai. Ainda me vejo em picos depressivos, cheio de raiva e ódio, misturados à esperança.

Assim como o rei Davi disse, certa vez (II Samuel 12:33), diante da notícia da morte de seu filho, eu também sei (inconformado) que meu filho já não voltará mais para mim. Porém, um dia eu irei a ele. Desejo, contudo, que conselheiros (leigos ou profissionais), tenham neste relato uma ajuda para entender que a dor de alguém é incompreensível para quem está de fora. Que cada pessoa tem o direito de expressar sua dor, com todos os sentimentos que esta dor provoca. Que, pelo menos, possamos ter alguma paciência com quem sofre, não colocando ninguém em um modelo: "de como deve ser".

Evitei e evito palavras e frases tais como: "Superando a dor", "Restaurando-se da dor", "Como ser curado da dor". Quando deparo com tais expressões, rejeito-as imediatamente. Minha dor é só minha, é inigualável. Assim como é a de cada um.

Para mim, até hoje, não houve dor maior, mais aguda e que provoque tanta confusão de sentimentos como a dor de ter sido "DESFILHADO".

1. A VIDA DE RAFAEL, O ANJO vestido DE GENTE

O INÍCIO DA JORNADA

Em 20 de Setembro de 1985 nascia nosso segundo filho, o Rafael. Já tínhamos a filha primogênita, a Camila. Depois o Senhor nos abençoaria com mais uma filha, a caçula Bruna..

Rafael nasceu numa sexta-feira à noite. No dia seguinte, pela manhã, Lúcia (minha esposa), ligou (do hospital), às 7 horas. Eu e Camila ainda estávamos dormindo. Lúcia disse: "Querido, o neném está estranho, tem dificuldades para mamar e está tão roxo". Ao que, lhe respondi: "Querida, é assim mesmo". Não entendia nada de nada, não é mesmo? Era só uma resposta de um marido que não sabia o que dizer. Então emendei: "O pediatra não passou no seu quarto ainda? Pergunte a ele". Duas horas depois Lúcia liga outra vez: "Meu bem, vem para cá". E começou a chorar. "Vem logo! A médica disse que o nosso filho é mongoloide" - expressão usada há 30 ou 40 anos, hoje fortemente condenada.

A pediatra foi ao quarto de Lúcia; quarto este dividido entre ela e outra paciente. Porém, não conversou com Lúcia, apenas com a outra mulher. Estando a pediatra de saída, Lúcia pergunta por nosso filho. A pediatra simplesmente responde: "Ahhh, seu filho é mongoloide. Pede para seu marido falar comigo". Saindo do quarto sem dar qualquer outra explicação. Imagine o impacto!

Enrolei Camila (com quase 4 anos de idade) em um cobertor e caminhei 1 km até a casa de meu cunhado, para pedir-lhe o carro emprestado. Quando lhe dei a notícia, do jeito que a médica nos tinha dado, a irmã de Lúcia começou a gritar pela casa.

Chegando ao hospital encontrei Lúcia aos prantos. Nosso coração, alma e mente, ficaram embriagados por dúvidas, medos e confusão. Afinal, o quê (ou quem) é um mongoloide? Uma coisa? Uma coisa gelatinosa? Um ser não humano? Falaria? Se comunicaria? Andaria? Sobreviveria? O que era tudo aquilo?

Naqueles tempos não havia internet. Fomos às bibliotecas tentar encontrar algo que nos explicasse o que estava se passando conosco.

Finalmente, depois de um mês de angústias e medos, fomos conduzidos a APAE de São Paulo. Lá ficamos novamente chocados com a realidade horripilante: diversas síndromes, diversos tipos de retardos e limitações aos seres humanos. Centenas de famílias em dor, confusão e desespero; exatamente, como eu e Lúcia estávamos. Todavia, foi ali na APAE de São Paulo, onde fomos acolhidos, cuidados e tratados. Quanto devemos àquele lugar!

VIVENDO NOSSO PRIMEIRO LUTO

Quando Lúcia estava grávida esperávamos um filho "ideal", idealizado, sonhado. Sonhávamos com um menino. Eu esperava levá-lo aos campos de futebol, vê-lo crescer, se formar na universidade, casar e me dar netos. Porém, quando Rafael nasceu, nos informaram que era mongoloide. Então tivemos que "enterrar" o filho idealizado e levar para casa o filho realizado. O ideal precisava ser sepultado e o luto vivenciado. Durou uns 3 anos. O real precisava ser levado para casa, amado e cuidado, sem sabermos nada sobre suas possibilidades, suas capacidades, seu futuro. Nada! Era tudo tão "escuro" à nossa frente.

Num instante, todavia, vimos que, com o nascimento do Rafael especial, nasceu um amor especial. Tão grande e tão infinito como o amor que temos por nossas filhas. Era um amor diferente, especial. E que amor, que paixão avassaladora, que sentimento de proteção e carinho nasceu em nós, na data de 20 de setembro de 1985.

Era o início de uma época de escuridão quanto ao futuro. Chorávamos, não por rejeição ou por inconformidade (não nos conformávamos com a "morte" do filho idealizado), mas sim, por que não tínhamos qualquer informação (como o temos hoje via Internet) sobre o que era o nosso filho ou o que tinha nosso filho.

Tínhamos medo de que ele iria sofrer. O que fazer? Como criar? Como educar? Como o proteger? Tudo era escuro e assustador naqueles tempos, sem as informações que hoje temos com tanto e fácil acesso. Com o passar dos meses e dos anos, fomos percebendo como o nosso Deus foi nos conduzindo por caminhos de alegria e grande satisfação. Fomos aprendendo como Deus nos havia abençoado, escolhido a dedo, para sermos pais do anjo Rafael.

A ESCOLHA DO NOME: RAFAEL

Lúcia escolheu o nome de nosso filho. Do nada ela disse: "Eu gosto de Rafael". Então corri para o cartório e pronunciei o nome com o qual chamaríamos nosso filho, nosso anjo vestido de gente: RAFAEL.

Rafael é um nome Bíblico. Rafa-el. Rafa: curado, ou usado para curar. El: Deus. Aquele que Deus cura ou, aquele que Deus usa para curar. O Rafael bíblico era porteiro do templo. De posse destas informações, perguntei a minha esposa o que ela preferiria: que Deus curasse o nosso ou que o Senhor o usasse como "porteiro do templo"? Minha esposa, com Rafinha no colo, olhando para ele e chorando respondeu: "Eu desejo nosso filho como o Senhor o criou e nos deu. Eu faço a opção: escolho que seja "porteiro do templo". Como Deus honrou aquela decisão de Lúcia.

Dezenas de pessoas foram alcançadas, por Jesus, através de Rafael. Por sua simpatia, amor e carinho para com todos.

Rafa (como carinhosamente o chamávamos) adorava um restaurante; e eu também. Quando estávamos em algum, sempre perguntava ao garçom: "Qual é seu nome"? Ao ouvir a resposta, dizia, encantado: "Muito prazer, meu nome é Rafael. Quero dizer-lhe que Jesus te ama". E acrescentava: "Este aqui é meu pai, ele é Pastor". Virava para mim e dizia: "Palinho" - era um "porteiro" legítimo! Colocava a pessoa "para dentro", transferindo-me a responsabilidade de evangelizar. Devido a esta sua maravilhosa atitude santa, até hoje, quando vamos à um restaurante, escrevemos no papel da conta (caprichando sempre na gorjeta): "Jesus Loves You" – Jesus te ama!

OS PRIMEIROS DESAFIOS

Rafa precisa sorrir. Sim, sorrir! Se sorrisse seria uma indicação de que a síndrome seria de um grau mais leve. Há graus: leve, moderado, grave e severo. Fizemos todo tipo de palhaçada que pudemos, diante daquele bebê, até que um dia sorriu (ou acreditamos que ele o fizera). Pulávamos e chorávamos de alegria e gratidão.

Crianças com Síndrome de Down nascem com hipotonia generalizada. Uma flacidez muscular generalizada. Para tanto, desde de neném, precisam de fisioterapia, todos os dias. Horas e horas de estimulação, para manter equilíbrio da cabeça, usar as mãos e os dedos e aprender a caminhar. Lúcia ficava de joelhos, atrás dele, segurando-o pela cintura, empurrando-o e forçando-o à caminhada - como se faz com uma boneca em brincadeira de crianças. Pelo menos 2 horas pela manhã e 2 horas à tarde. Todos os dias, por quase dois anos.

Tudo o que aprendeu lhe foi ensinado. Nada lhe era naturalmente aprendido. Sorrir, dar tchau, sentar, caminhar, pedir licença, pedir por favor, agradecer, ser gentil, não pegar o que não lhe pertencia, orar e crer em Deus. Tudo vinha pelo exemplo. Foi um discipulado intenso. Se eu desejasse um guardanapo não poderia dizer: "Lu, joga aí um guardanapo pra mim"? E se Lúcia o fizesse? Pronto! Rafa iria jogar qualquer coisa que lhe fosse pedida. Uma faca por exemplo. Então, precisava estar alerta o tempo todo e pedir assim: "Lúcia, querida, você pode fazer o favor de passar-me o guardanapo"? E Lúcia respondia: "Lógico, meu amor, aqui está! Te amo". Assim, aprendia. Eu podia dizer: "Rafa, querido, você pode alcançar-me a faca, por favor?" Ele respondia: "Lógico, palinho, aqui está! Te amo". Era o aprendizado por meio de copiar um modelo. Era penoso, difícil; o único caminho. Afinal, criança vê, faz e repete.

O ambiente de uma casa se perpetua nos filhos até a quinta geração. Seria algo para pensar sobre o nosso Brasil!? Somos produto ou subproduto das cinco últimas gerações! Não podemos mudar o passado, mas certamente poderemos mudar nosso futuro, se tão somente mudarmos nosso exemplo em casa. Só caçar os corruptos não resolverá, se nossas corrupções não cessarem em nossa casa, onde nossos filhos estão aprendendo nossos "valores" (os quais valem pouco, ou não valem nada. Talvez menos que nada).

A primeira vez que Rafa foi usado como "porteiro do templo", foi justamente na APAE. Quando fomos entrevistados pela assistente social, recebemos, entre outras, a seguinte pergunta: "Profissão?". Respondi: "Sou um Pastor Batista". Em seguida veio outra pergunta: "E como sua religião interpreta o ocorrido em sua família, com a chegada de seu filho". Eu disse: "Rafael é uma bênção em nossas vidas. É resultado da construção divina". A assistente social quase enfartou. Então nos disse: "É que temos um casal evangélico que nos diz que sua filhinha, com a mesma síndrome de seu filho, é alvo de um ataque satânico. Eles estão orando para que Deus a "liberte", afim de não precisarem trazê-la à APAE". Nos colocamos à disposição daquele casal com muito amor (por causa de Rafa) e pudemos ajudá-los à uma compreensão da Bíblia. Com isso, aceitaram sua filhinha como presente especial de Deus; e a cuidaram muito bem. Era a primeira ação do anjo Rafael.

OS PRIMEIROS ANOS

Dos 4 aos 12, ou 13 anos de idade, Rafa era quase indomável. Fugia de casa. Não tinha noção de perigo. Janelas e portas precisavam ser trancadas, acorrentadas, e chaves escondidas. Nada podia ficar arrumado. Ele tombava cadeiras, mesas, estantes, televisores, etc. Arremessava objetos pelas janelas. Tudo ia ao chão. Num instante atravessava as ruas correndo. Ouvíamos carros freando, buzinando e desviando dele. Um dia, quando morávamos no Uruguai, Rafa fugiu de casa e cruzou uma via, onde estava acontecendo uma competição Sul Americana de ciclismo. O desastre de bicicletas se chocando, gente caindo para todo lado, foi pavoroso.

O Rafa? Do outro lado da pista "curtindo" aquilo tudo e achando muito engraçado. Era muito constrangedor. Quando chegávamos à casa de alguém, percebíamos que efetuaram mudanças estratégicas na decoração. Ou seja: não havia quadros, enfeites, vasos com flores. Nada! Tudo era retirado, precavendo-se do Rafa.

Era muito ruim nos dar conta que Rafa nunca era aceito em escolas regulares. A alegação era que pais de crianças "normais" estavam com medo de seus filhos copiarem os exemplos do Rafa. Também alegavam que não era bonito de se ver. Seus filhos poderiam "estranhar", terem problemas emocionais, etc. Seus filhos precisavam ser preservados das "aberrações humanas". O pior de tudo foi quando lhe foi negado permanecer em escolas para crianças especiais. A cada rejeição que sofria, nós nos sentíamos rejeitados também. Será que, em algum dia, o mundo mudaria a respeito deles? Será que seriam mais amados, compreendidos e aceitos? Eram dolorosas perguntas que nos mantinham em angústia e impaciência. Os caminhos eram escuros e precisávamos tatear para encontrar onde pisar. Seriam eles um dia aceitos? Se não, pelo menos tolerados e não discriminados?

2. AS LIÇÕES DO *Anjo*

Durante toda sua vida Rafael foi um anjo de Deus que nos trazia lições muito importantes. Lições que às vezes nos humilhavam, outras vezes nos alegravam. Porém, sempre nos melhoravam como seres humanos.

A seguir, mencionarei algumas das preciosas lições que íamos aprendendo, dia a dia, com aquele anjo que morou lá em casa.

OS AJUSTES NO RELACIONAMENTO CONJUGAL

Damos graças a Deus, por eu e Lúcia termos uma fé que nos ensinava o quanto nosso Deus estava no controle daquela situação. Mesmo que ainda estivéssemos só tateando nas novas veredas impostas à caminhada e, mesmo sendo ainda muito jovens e sem a enorme quantidade de informações hoje disponibilizadas na internet sobre a Síndrome de Down, percebemos que a Graça do Senhor nos sustentava.

Todavia, ajustes foram sendo necessários e implementados. Percebíamos que sermos pais recentes de uma criança especial, quase em completa ignorância dos fatos, trouxe-nos uma fragilização emocional importante. Pela Graça de Deus, tudo aquilo nos uniu muito mais. Muito cedo começamos a aprender que as tempestades da vida, sem nos importar de onde vem ou foram originadas, poderiam nos unir ainda mais. Ou nos separar, destruindo nosso casamento. Aprendemos que todas as tempestades da vida, todos os transes agudos da existência, toda experiência a ser provada sem Seu consentimento, traria mudanças radicais e para toda a vida. Se estas mudanças seriam para pior ou para melhor, dependeriam somente de nós mesmos. Vou mais longe: dependeria de cada um. Entre duas pessoas, você só pode mudar uma delas: você mesmo. Eu, de meu lado, e Lúcia do lado dela, decidimos nos unir mais, nos amar mais, prestar mais atenção às necessidades (especialmente emocionais) um do outro.

Desde então creditamos muito ao Rafa a lição de: as intempéries da vida sempre nos uniram mais e produziram sempre um maior grau de cumplicidade. Produziram mais paixão, amor e unidade. Não, não foi um caminho fácil. Foi dolorido e complicado. Foi e tem sido um aprendizado.

Rafa nos ensinara que o caminho mais excelente era, e sempre será, o do amor. Durante toda nossa vida aprendemos que o perdão precisaria ser generoso e vencedor. Ou seja, sempre perdoar mais vezes do que se foi machucado. Que as paixões precisariam ser renovadas a partir de uma ação premeditada de fugir da rotina, de reinventar os prazeres, de inovar nos relacionamentos, afetos e carícias. O nosso anjo estava nos ensinando durante toda nossa vida.

AS FILHAS EM SEGUNDO PLANO

Rafael nos esgotava de tal maneira, em seus primeiros anos, que quase não podíamos dar a atenção devida as outras filhas. A nossa mais nova sofreu um tremendo impacto dessa nossa "ausência".

Nossas filhas eram (são e sempre serão) amadas com um amor infinito, exclusivamente delas e só para elas.

Naqueles anos tempestuosos devido a situação especial de Rafael, a nossa filha mais nova se sentiu rejeitada. Desde os 3 anos tinha absoluta certeza de que seria abandonada em uma esquina qualquer da cidade. Para ela, era real que nós não a amávamos e que estávamos planejando deixá-la sozinha em um lugar longínquo. Para que não soubesse, nunca mais, voltar para casa.

Sofria calada. Não reclamava. Não chorava. Parecia um anjinho; e era. Estava ferida. Profundamente ferida por nossa distração e esgotamento emocional.

Um dia começou a perder todo cabelo, cílios e sobrancelhas. Enfim, seu corpo conseguira fazer um truque, obrigando todo mundo a percebê-la.

Quando uma criança não se sente amada, busca substituir o amor que lhe fora negado por atenção. Ela conseguira. Todo mundo não só perguntava: "Como vai Rafael"? Mas também acrescentavam: "Nossa, o que houve com Bruninha"?

Oramos e choramos muito. Com um sentimento de culpa, de incapacidade à paternidade, nos culpávamos, a cada dia, por termos "abandonado" nossa caçulinha. Com muito tratamento (espiritual e psicológico) conseguimos vencer aqueles anos. Bruna pôde recuperar seus cabelos cílios e sobrancelhas.

A dura lição que aprendemos foi: existem outros membros na família de um ser especial. Ninguém pode ser deixado para trás.

Todos os membros de uma família devem receber cuidado, proteção, atenção, carinho, valor, amor e tempo de qualidade, igualmente. É muito difícil esta tarefa, mas precisa ser executada.

DE MARICON A SUPER MACHO

Vivemos no Uruguai os anos de 1989 a 1991, para um treinamento missionário. Fomos para uma experiência de treinamento transcultural e implantação de uma Igreja.

Tivemos a felicidade de conviver com um povo maravilhoso e valente. Um país vigoroso. Vivíamos com uma equipe de brasileiros; igualmente em treinamento conosco. Todas as tardes saíamos às ruas para contatar pessoas, aprender o idioma e servir aquela gente tão preciosa.

Naquela época, quando chegamos ao país, nossa filha Camila estava com 7 anos, Rafael com 3 e Bruna com meses.

Não tínhamos telefone em casa (celular nem existia), nem computador. Todas as manhãs ia caminhar nas ruas com ele sentado e amarrado ao carrinho de bebê. Para fazer compras nos mercadinhos, ir ao correio, etc.

Como Rafa era super-hiper-ativo - derrubava coisas nos mercados e lojas e fugia às ruas, amarrava-o no carrinho de bebê e passeava com ele. Corria pelas calçadas e ele ria muito. Como ele gostava daquelas manhãs. Notava que os homens, os gaúchos (homens vestidos com suas botas e bombachas, portando

41

enormes facas presas ao cinturão de couro, tomando mate – chimarrão, para nós), que estavam à frente de bares e botecos, me olhavam e conversavam entre si. Dia pós dia, era alvo dos olhares daqueles homens. Decidi conversar com um amigo Uruguaio, que me perguntou: "Quando você empurra o carrinho de bebê com Rafael, sua esposa está ao seu lado"? Respondi: "Não". Ele, espantado e chocado disse: "Nunca mais faça isso"! Perguntei-lhe: "Por que"? Ele não queria responder de jeito algum. De tanto insistir, disse: "É que, aqui no Uruguai, carregar nenéns em carrinhos, sem a esposa ao lado, só quem faz são os "MARICONES" (expressão popular usada para descrever um homossexual). Para aquele contexto, àquela época, numa cultura extremamente machista onde os homens gostavam de mostrar sua masculinidade e virilidade, eu estava sendo comentado na cidade como: o brasileiro missionário MARICON. Em outras palavras, além da "má fama" (para aquela cultura, naqueles tempos idos), jamais aceitariam a mensagem do Evangelho. Associavam minhas palavras ao meu "jeito" de ser e viver. Perguntei ao meu amigo: "Como devo me portar? Preciso ajudar minha esposa, a cada dia". Ao que me disse: "Carregue o Rafa nos braços, ou ombros". Respondi: "Sério? Estás falando sério"? Meu amigo confirmou que sim.

Nos dias seguintes o carregava nos ombros, para todo lado. Quando só eu e ele estávamos nas ruas, notei que os "supermachos", do interior dos pampas uruguaios, seguiam-me olhando e comentando. Procurei meu amigo e comentei o fato com ele, ao que disse: "Fique em paz, está tudo certo agora".

Um ou dois meses após, bateu à nossa porta uma senhora que se identificou como sendo diretora da escola para crianças especiais da cidade de Florida-Uruguai. A convidamos para entrar, e nos perguntou: "Por que você carrega seu filho nos ombros enquanto anda pela cidade, quase todos os dias"? Minha resposta foi com outra pergunta: "Estou cometendo algum erro agindo assim"? Ao que respondeu: "Você é o comentário da cidade. Os gaúchos não param de falar de você". E acrescentou: "Em nossa cultura (gaúcha-uruguaia), a masculinidade é um valor extremamente "cultuado". Acontece que, quando um destes homens do campo se tornam pais de uma criança com deficiência mental, ou física, a masculinidade deles foi colocada em risco ou em dúvida. Ele gerou uma "criatura com defeito". Tal fato (nesta cultura) aponta para o pai, taxando-o como um macho "defeituoso" (não tão homem, como deveria ser). Assim sendo, quando eles são pais de uma criança com necessidades especiais, a escondem dentro de casa. Não as levam para a escola especial e impedem que o automóvel da instituição, sequer, pare em frente à casa deles. Se um amigo lhe perguntar sobre o filho, corre o risco de ser furado com uma faca. O pai da criança poderia interpretar a pergunta como uma

UM ANJO MOROU LÁ EM CASA

desconfiança de sua masculinidade. Dessa forma, não temos conseguido dar uma melhor qualidade de vida a estas crianças. Mas, você tem carregado seu filho (sua "criatura" como eles dizem) nos ombros, quase todos os dias. Por causa disso eles estão comentando que você é um "supermacho". Alguém que não se envergonha de seu filho, ou tenha medo de colocar sua masculinidade em risco, ou dúvida. Assim sendo, eu estou aqui para lhe perguntar: Poderia nos ajudar? Indo às casas de famílias que tenham filhos com necessidades especiais. Conversar com eles, para que aceitem vir à escola especial, para que possamos ajudar seus filhos".

Não é impressionante que, com um simples ato, você pode ser chamado de "maricon"? Por perguntar, a um nativo, o que está acontecendo, recebendo a dica cultural do local, você consegue mudar um conceito e uma imagem, em uma pequena cidade (Florida naquela época tinha 25.000 habitantes). De "maricon" a "supermacho", com o acréscimo de um pedido de ajuda às famílias, para transformar o futuro de seus filhos e suas casas.

Era o anjo Rafael nos dando outras lições de vida.

CADA UM CUIDA DO SEU TRASEIRO

Um dia passando em frente ao banheiro, e vendo a porta aberta, vi que Rafael estava sentado no sanitário. Perguntei-lhe: "Rafito (como eu o chamava), quer ajuda para limpar o traseiro"? Ao que respondeu: "Palinho, cada um cuida de seu traseiro"!

Era o nosso anjo ensinando a não nos intrometermos na vida dos outros, e que cada um deveria dar conta de si mesmo. Sempre tentou ser independente. Jamais se intrometia na vida de ninguém.

Tinha amor e intensa paixão por pessoas, pela vida, pelos amigos, por festas e sua célula (grupo da Igreja em que se reunia).

Fora absolutamente obediente. Jamais invadia a vida de ninguém. Pedia permissão para falar levantando seu dedinho indicador. Sabia estar em seu "cantinho", onde reinava, e não permitia que ninguém o invadisse. Jamais violentou o espaço de ninguém.

Quantas vezes vemos pessoas se intrometendo na vida alheia!!! Rafa nos ensinava que só cuidar de si mesmo já era o suficiente. Por que bisbilhotar ou se intrometer em assuntos para os quais você não foi convidado?

Rafa gostava de viver do jeito dele. Jamais estereotipou qualquer pessoa.

Quando íamos ao Walmart fazer compras, sempre encontrávamos os "fregueses Walmart": aquela turma que se veste de uma maneira que a gente só vê no Walmart. Só lá você os encontra. Gente de pijama, gente (adulta) vestida com fantasia, gente exótica. Rafael nunca reparou nas "diferenças". Mas quando passava uma moça bonita, ele me cutucava e perguntava: "E aí, palinho, que tal?"

Rafa vivia sua vida com alegria. Jamais se intrometeu no estilo de vida de outras pessoas. O que lhe valia era ser ele mesmo, ser feliz e deixar que cada pessoa fosse também feliz. "Palinho, cada um cuida do seu traseiro".

FUMAR CAUSA IMPOTENCIA SEXUAL

Certa vez, fomos à Arena assistir Atlético Paranaense contra o Internacional de Porto Alegre. Era um jogo do Campeonato Brasileiro. O nosso Atletiquinho estava apanhando de 2x0, no primeiro tempo. A torcida estava furiosa.

Um cara do meu lado direito não parava de fumar. Acendia um cigarro após o outro, o tempo todo. Rafa, do meu lado esquerdo, me dizia o tempo todo: "Palinho este cara aí tá fumando". Ao que respondia: "Rafito, fica quieto, deixa o cara pra lá". Empurrava-me e outra vez falava: "Palinho esse cara aí tá fumando". Estava com muito medo de apanhar do cara, e dizia-lhe: "Rafito, fecha essa boca. Deixa o cara pra lá. Se ele me bater, bato em você". Mas que nada, e outra vez: "Palinho esse cara aí está fumaaaaandoooo". Então eu apelei mesmo: "Se você não ficar quieto, não vou comprar comida no intervalo do jogo". Quando pensei que o tinha controlado, ele deita sobre minhas pernas e empurra o cara que estava fumando dizendo: "Ei, fumar causa impotência sexual"! Só fechei os olhos esperando o soco que levaria na cara. Que nada. O fumador caiu na gargalhada. Então, minha fé e minha coragem voltaram, e disse pro cara: "Desculpa aí, tio. O garoto é crente e está muito preocupado com tua saúde".

No Brasil, as propagandas de cigarro trazem sempre uma frase do Ministério da Saúde, alertando sobre os perigos do cigarro. Não sei por que, mas Rafael havia gravado bem aquela que alertava sobre a possibilidade da impotência sexual para os fumantes.

Rafa não se intrometia na vida e no estilo de vida de ninguém. Porém, quando percebia alguém em risco, então se movia em direção aquela pessoa para alertar, ajudar ou socorrê-la. Era impressionante o nível de sensibilidade diante do sofrimento alheio. Qualquer ser humano era alvo de seu amor, proteção, cuidado e carinho. Amava a vida, amava viver e se desdobrava para ajudar aqueles que ele julgava em perigo, dor, sofrimento, tristeza ou angústia. Qualquer pessoa, com um comportamento que a colocasse em risco, era alertada por Rafael de imediato.

SAMBA E PAGODE LÁ EM CASA

Entre os anos de 1995 a 2000, trabalhei como um dos pastores da Primeira Igreja Batista de Curitiba.

Certa vez, houve um daqueles cultos que marcam tanto a nossa vida. O mover de Deus fora maravilhoso. O então ministro de louvor da Igreja (saudoso pastor Marcilio de Oliveira), convidou Rafael para cantar ao lado dele o último cântico da noite. De repente ele puxa o paletó do pastor e pede para dar um aviso à toda a igreja. O pastor passa o microfone a ele, que manda logo seu recado: "Pessoal, pessoal, pessoal! Amanhã todo mundo em minha casa, porque vamos ter samba e pagode". A risada foi geral. Rafa destruíra o culto. Eu quase perdi o emprego. Pode imaginar, o filho do pastor convida a igreja, logo após o culto, para uma rodada de samba e pagode? Eu bem que tentei arrumar a situação, explicando à igreja que ele se referia a música "pá-God". Mas não colou não.

Rafael amava música e não conseguia ver nenhuma diferença entre música mundana ou sagrada. Para ele, tudo era "sagrado". Para ele, todos os sons, todas as cores, todos os estilos, tinham origem em Deus. Portanto deveriam ser experienciados. O culto na Igreja lhe era tão sagrado e divertido quanto uma rodada de samba com seus amigos (e a igreja toda) juntos dele, festejando a vida. Cantorias, celebrações, gente abraçada, gente dançando, gente brindando era "céu" para o nosso Rafa. Soube bailar todos os ritmos, cantar todos os estilos, celebrar todos os minutos de sua vida. Sempre com seus amigos. "Amanhã", meu amado filho, estaremos com você em "casa" (nossa casa eterna), fazendo um grande festão com todos os ritmos, com todos os sons, com todos os instrumentos, com todos os nossos amigos, para o nosso Deus. Meu filho, eu já comecei minha viagem para casa, onde você foi morar.

PASTOR RAFAEL

Houve um tempo (ao redor de 2009), em que Rafael começou a me dizer que queria ser pastor. Eu "empurrava o assunto com a barriga". Não dava "muita bola" a ele, nesse assunto. Gostava de tudo que eu fazia e em algum momento desejou ser pastor também.

O mais interessante era que tinha mesmo um cuidado, uma paixão e compaixão por pessoas, que o impelia a orar, visitar enfermos, telefonar e deixar recadinhos aos que sofriam. Como eu não dei "muita bola" para o assunto, ele mesmo, sem que eu soubesse, telefonou para um amigo muito querido, que era (ainda o é) o diretor da Florida Christian University. Ligou e deixou recado com a atendente dizendo que queria estudar teologia, pois queria ser pastor. A secretária da escola avisou o diretor que, impressionado com o seu pedido, ligou para ele e lhe deu uma bolsa de estudos de um ano. Rafa foi para as aulas, comigo, por um ano. Era "aluno especial". Depois de um ano, carinhosamente a FCU promoveu sua formatura, onde recebeu o diploma de "Pastor Especial". Ficou maravilhado, com sua beca, seu diploma e sua festa de formatura.

Dias depois, me perguntou se já era pastor. Ao que respondi: "Anda não! Você precisa esperar mais um pouco". Um dia me ouviu, dizendo à minha esposa, que estava indo a um concílio de um candidato ao pastorado. Perguntou-me: "Palinho, o que é isso"? Quando lhe expliquei, imediatamente perguntou quando seria o dele. Pois queria ser pastor. Não tomei nenhuma providência. Um mês depois soube, por um diácono de minha igreja, que ele tinha ligado para todas as células da Igreja marcando seu concílio examinatório, como candidato ao pastorado. O povo da Igreja armou uma festa e me "obrigaram" a "examinar" o Rafa. Fizemos-lhe três perguntas: "Rafael você ama Jesus? Cuide das ovelhas dEle. Rafael, você ama Jesus? Cuide das ovelhas dEle. Rafael, você ama Jesus? Cuide das ovelhas dEle"!

Assim, em 2011, foi reconhecido pela Igreja como "Pastor Especial".

No ano de 2014, o pastor David Uth (titular da First Baptist Church of Orlando) apresentou-o, ao time de pastores da Igreja, como pastor Rafael. Não só gostou daquilo como, de verdade, se via como um cuidador de pessoas.

Acompanhou-me a dezenas de visitas pastorais, em casas, hospitais e clínicas. Orava por enfermos e casais. Orava intensamente por mulheres grávidas. Sabia o nome delas, o nome do neném e a época do nascimento. Lógico, ia ao hospital visitar a mamãe e o neném.

Ligava para todos os aniversariantes da igreja, sem esquecer de nenhum deles. Era meu companheiro, meu parceiro. Era um verdadeiro pastor superespecial. Que saudades.

Na celebração a Deus, em memória de Rafael, o pastor David Uth disse: "Quando convidamos Nassiff, para ser pastor aos brasileiros entre nós, não conhecíamos Rafael. Se tivéssemos o conhecido, certamente teríamos convidado ele e não Nassiff".

VOCÊ NÃO GOSTA, MAS EU GOSTO

De vez em quando Rafael vinha com "manias", ou novidades.

Sempre gostou de música (de sambão, forró, pancadão, funk, bossa nova, temas de novelas, sertaneja, soft rock, evangélicas, etc.). Era simplesmente inacreditável como ele conhecia os cantores, cantoras e suas canções.

Gostava de restaurantes. Desde os junk foods (besteiras) aos mais sofisticados. Gostava de WWE (luta livre Americana), e tinha seus artistas preferidos. Sempre estava apaixonado pela principal personagem da novela do dia.

Gostava de futebol e mudava de time todas as semanas.

De vez em quando aparecia com umas ideias, com uns desejos, que lhe dizia: "Rafa, que horror, que feio, que ruim. Eu não gosto disso". Então, com aquela carinha de anjo, simplesmente respondia: "Palinho, você não gosta, mas eu gosto"!

Pronto, estava dada a lição: Cada um de nós tem o direito de gostar do que desejar.

Meus gostos nem sempre serão iguais aos seus. Seus gostos nem sempre serão iguais aos meus. Você tem o direito, absoluto, de curtir, de apreciar, de gostar, de experimentar tudo o que você quiser. Mesmo que eu não goste. Sabe por que? Porque é sua vida, o que lhe faz bem, o que lhe traz alegria e felicidade. Só não esqueça que esse seu direto absoluto de escolha também equivale ao meu direito absoluto de escolha. Escolha como você quer ser feliz e vá em paz. Não tente me dizer como faz para ser feliz. Meus gostos, minhas paixões, meus amores; são meus. Se você não gosta, ok! Mas, lembre-se: Eu gosto! Ok?

Com ele aprendi que, muitas vezes, o que os pais sonham para seus filhos sãos seus sonhos e não dos filhos.

Meus filhos farão isso ou aquilo, estudarão isso ou aquilo. Tudo isto é a realização do sonho, a expressão de felicidade dos pais. Não necessariamente do filho.

Fazer meu filho feliz era proporcionar aquilo que lhe dava prazer, alegria, risadas, paixão e segurança.

Rafa me ensinou que nada pode trazer tanta felicidade a um pai do que ver seus filhos se sentindo felizes.

Vê-lo dar grande gargalhadas, mesmo que para isso eu tinha que fingir ter tropeçado ou batido a cabeça na porta, era um momento de entrar no céu com ele. Vê-lo rir e rolar no chão, às gargalhadas, era a coisa mais feliz do mundo para mim.

Lógico, nós como pais devemos sempre orientar nossos filhos para o que é melhor. Em última análise, a felicidade de nossos filhos sempre será a felicidade deles e jamais uma projeção forçada da nossa (nosso entendimento do que possa ser felicidade) felicidade na vida deles. "Palinho, você não gosta, mas eu gosto"!

Como me faz falta ouvir a sua voz cantando suas músicas, seus passos pela casa. Suas entradas, todas as noites, em meu quarto, para perguntar para eu e Lúcia: "Vai ter sexo esta noite"? E dava uma gargalhada.

Como me faz falta escutar a porta da sala abrir e vê-lo suado, depois de praticar seus exercícios físicos ao som de suas cantoras pentecostais. Como me faz falta a companhia dele em meu carro, que tanto ele gostava de estar, sentido a força do vento e a mão esquerda dele pousada sobre a minha.

NÃO FICA NERVOSO PALINHO

Às vezes, quando eu chegava em casa, muito cansado, ele começava a tagarelar ou cantar a toda voz. Eu lhe dizia: "Rafa, o Palinho não está bem não. Tô cansado, tô nervoso. Dê me um tempo filhão"? Nesta hora, sentava ao meu lado, fazia cafuné em minha cabeça e vinha com esta: "Palinho, Palinho, olha, não fica nervoso não! Faz assim: Leva a Mamita pra jantar num restaurante bem legal, tenha com ela um jantar romântico. Depois, você leva a Mamita pra um hotel, abre um champanhe, namora com ela numa jacuzi e volta só amanhã, tá? Você vai ficar bem melhor, viu Palinho? Que tal"?

De onde tirava estas suas ideias? Não sei. Sempre procurava encontrar alternativas que pudessem nos curar, ou sacar de estados de humor ruins. Era um batalhador em busca de alegria, bem-estar e relacionamentos lubrificados pela compreensão e pelo carinho. Havia nele uma inexplicável compreensão dos relacionamentos. Conseguia perceber quando pessoas estavam sofrendo e sempre buscava caminhos de alívio e/ou alternativas para a cura. Sofria com quem estava sofrendo e se alegrava com quem estava alegre. O anjo Rafael era incansável e imparável, até que pudesse encontrar caminhos de alívio, cura, alegria e bênçãos, na vida dos que vivam em seu entorno.

SEM LIMITES

Rafael soube ser feliz. Não percebia seus "limites" (Por acaso ele tinha?). Sempre fez o que gostava de fazer. As definições de felicidade eram sempre dele.

Logo aprendemos que a "felicidade" que projetamos em nossos filhos, quase sempre são "nossas" (pessoais) projeções de felicidade.

Muitas vezes desejamos aos nossos filhos o que achamos que os fariam felizes. Outras vezes, projetamos em nossos filhos aquilo que não fomos, ou não conseguimos fazer. Nada de errado com isto; de certa forma. Lógico, sempre desejamos que nossos filhos tenham mais e melhores oportunidades do que tivemos. Porém, a projeção de nossa felicidade neles, nem sempre é realista. Cada ser humano é único em si mesmo. Cada um, sob orientação, cuidado e proteção de seus pais, precisará encontrar seu caminho de felicidade. Nisso nosso Rafa foi campeão.

Um dia ele decidiu que seria pastor de almas. E foi! O mais extraordinário pastor de almas que conheci. Sua paixão por pessoas, sua intensa luta por ver pessoas livres de suas dores, a maneira como orava por outras pessoas, o jeito com que cantava seus hinos para Deus; foram inigualáveis.

Outro dia, decidiu que era "promotor de eventos". Nos dizia que trabalhava promovendo eventos para cantores e cantoras. Quando via um cartaz, de qualquer desses eventos, o divulgava pra todo mundo. Estava trabalhando.

Outro dia, se aproximou de mim e disse: "Palinho, vou ser "potrófico"! Respondi: "Uau!!! É mesmo, meu filho? E que é um potrófico"? Com uma cara de admiração e choque, por causa de minha ignorância, respondeu: "Palinho potrófico tira fotos de pessoas, nenéns recém-nascidos, aniversários, casamentos, etc. Entendeu"? Sabem o que aconteceu? Em seu aniversário, um grupo de pessoas se cotizou e lhe presentearam com uma câmera semiprofissional. Lá ia Rafa pra todo lado, tirando fotos de tudo e de todos. Era o "potrófico" trabalhando feliz, desenvolvendo suas habilidades com extrema satisfação. Algumas fotos eram perfeitas. Algumas cenas eram de uma sensibilidade à vida que nos impressionavam!

DEUS FALAVA COM RAFEL

Acreditamos que, de fato, Rafael tinha uma capacidade de entender quando Deus lhe falava.

Por várias vezes me dizia que tinha ouvido a voz do Senhor em seu coração. Certamente, tinha uma comunicação especial com Deus. Jamais errou em suas "predições". Várias vezes ligava para São Paulo e dizia que iria no casamento de uma sobrinha, ou passar o Natal e Ano Novo, ou ver um neném que havia nascido. Era impressionante ver como as coisas acabavam concorrendo para que tudo saísse como havia dito.

Creio, fortemente, que o Senhor falou com ele, naquela semana, sobre a morte. Dois dias depois da cirurgia, me perguntou: "Palinho, você acha que vou morrer"? Eu tentei dizer a ele que não. Mas, virando o rosto para outro lado, de repente, me diz: "Palinho, não quero falar sobre isso agora"! E dormiu um soninho gostoso de algumas horas. Quando despertou, nem ele, nem eu, tocamos mais no assunto. De alguma maneira, que só ele sabia entender, Deus se comunicava com ele de uma maneira especial, já sabia que iria morar no Céu.

Ensinou-me que o grau de escolaridade ou a intelectualidade, muitas vezes me impede de "ouvir" o Senhor, de conhecer o Senhor. Não estou fazendo apologia à ignorância. Porém, para muita gente, a intelectualidade serve como luz artificial que os impedem de ver o céu salpicado de trilhões e trilhões de estrelas.

Apaguem as luzes da cidade e veremos um céu como jamais vimos. Muitas vezes a intelectualidade funciona, em nossos corações e mentes, como estas luzes artificiais, que escondem as estrelas do céu. Portanto, me ensinou que a capacidade intelectual (especialmente daqueles que sabem só um pouco de alguma coisa, e pensam que sabem tudo de tudo) pode atrapalhar a sensibilidade para com Deus. O poder, glória e a majestade do Senhor, passa desapercebido da gente. Ele, podia ouvir, sentir e entrar na presença do Senhor, como quem estava trasladado. Mal podia ler, mas entendia verdades divinas com uma profundidade impressionante.

SENSIBILIDADE E SENTIDO DE URGÊNCIA

Quando uma pessoa estava sofrendo, Rafael sabia que o socorro precisava ser imediato. Tinha uma incrível sensibilidade ao sofrimento alheio.

Quando sabia de alguém doente, orava imediatamente, insistindo comigo em irmos visitar a pessoa no mesmo dia. Quando se trava de uma pessoa muito longe, enviava mensagens de voz e canções, cujas letras sempre tinham tudo a ver com a pessoa em sofrimento.

Uma vez, quando tive uma crise de enxaqueca, fui pego pela dor e tontura enquanto estava dirigindo para casa. Lúcia e Rafa estavam comigo. Lúcia queria dirigir, mas eu não podia me mover. Fui para casa dirigindo bem devagar, travado ao volante, como uma estátua. Rafa colocava sua mão em meu ombro e dizia o tempo todo: "Calma Palinho, calma, vai passar, vai passar". Tudo à volta dele perdia o sentido, ou o seu interesse, porquanto estava absolutamente concentrado em me socorrer. Naquela ocasião mencionou algumas vezes para ele mesmo: "Cara, quando chegar em casa, levanta um clamor pelo Palinho". Ao chegarmos em casa, a crise piorou e eu não podia sair do carro, tanta era a tontura e extrema dor de cabeça. Estava aos gritos e gemidos de dor. Naquela hora Rafa soltou: "Ihhh cara, é melhor começar o clamor agora"! Assim ele o fez. Depois me visitava em meu quarto, a toda hora, para perguntar se Jesus já havia me curado. Beijava-me e passava sua mãozinha em meu braço. Então voltava para seu quarto e levantava outro clamor. Era um clamor em voz alta. Ele pedia a Jesus para curar o Palinho. Ia às lágrimas em seu clamor. Só de escutar seu clamor, levantava-me da cama e ia para o quarto dele, dizer-lhe que já estava bem melhor. Só para acalmá-lo. Ele lutava com Deus. Lutava muito em favor de qualquer um que estivesse em sofrimento.

Rafael sempre teve uma atitude para com quem sofria que o levava a ações rápidas. Ele não procrastinava diante do sofrimento de ninguém. Corria para levar socorro. Sofria agudamente com quem quer que estivesse sofrendo.

Nestas horas, sempre "desconfiávamos" se ele era mesmo só gente. Pois se portava como um anjo que supria e guardava a todos à sua volta!

Tinha uma convicção indestrutível e profunda, de que podia falar com Deus. Mais ainda, tinha profunda fé de que o Senhor o ouvia, entendia e agiria em resposta às suas orações.

Tanta intimidade que tinha com o Senhor, que parece que Ele o levou para passarem as horas da eternidade em papos gostosos na "viração do dia", nas moradas eternas. Certamente o anjo (parecido com gente) Rafael está agora recebendo as visitas do Pai.

RAFAEL AMOU COM AMOR INCONDICIONAL E EXTRAVAGANTE

Sempre soube amar. Amou todas as pessoas, indiscriminadamente... incondicionalmente. Não se importava em saber quem era a pessoa que estava à sua frente. Qualquer ser humano era alvo de seu amor, indiscriminado, incondicional e extravagante.

Não lhe importava o aspecto físico, a maneira de se vestir. Se a pessoa era baixa, alta, magra ou gorda. Para ele não havia qualquer diferença na cor da pele de ninguém. Não se importava se a pessoa era de outra religião, a que time de futebol torcia, ou mesmo qual era a orientação sexual. Abraçava, era carinhoso e, amava extravagantemente, todas as pessoas.

Ele me ensinou a não discriminar, nem mesmo estereotipar qualquer ser humano. Ensinou-me a amar, abraçar e beijar todas as pessoas.

Na Igreja, onde eu sou pastor, abraço e beijo a todos. Talvez por isso, nos cultos em que prego, tenha muita gente de outras religiões, tais como: católicos, espíritas, muçulmanos, judeus, etc. Estes, quando vem aos cultos, sempre me dizem que o ambiente é seguro, íntegro e permeado de amor.

Abraço e beijo todas minhas "ovelhas", sejam mulheres ou homens. O beijo sempre é seguido de um: "Deus te abençoe". O abraço sempre é forte e demorado (de quatro segundos), cheio de fraternidade e palavras de bênçãos.

Rafael nos ensinou a abraçarmo-nos, e pelos abraços recebermos e darmos cura às emoções. Ensinou-me que ninguém precisa se modificar, antes, para ser amado depois. Amamos sempre, sem nenhuma expectativa de que as outras pessoas tenham que mudar para serem amadas. Ao contrário, fazemos de tudo para amar a todos. Por causa disso, jamais falamos mal ou criticamos qualquer pessoa diante de Rafael.

Em muitas ocasiões me dizia: ""Palinho, tô com saudades de fulano, ou cicrana"! Eu me contorcia

61

por dentro, pois se tratava de pessoas que nos machucaram muito em algum momento de nossas vidas. Porém, Rafa nunca soube de nada do que nos fizeram. Quando falamos mal de alguém, assassinamos a moral e a personalidade de quem falamos no coração daquele a quem falamos. Não tínhamos coragem (e Rafinha não merecia) de sujar o seu coração puro. Assim, amou até aqueles que nós não queríamos nunca mais ver, ou dos tais saber.

CUIDADO COM O QUE VOCÊ FALA, PALINHO

Certa vez, eu e Lúcia, estávamos indo à casa de amigos buscar Rafael, que tinha passado o dia com eles. No caminho conversávamos sobre uma jovem de nossa Igreja que cantava de maneira maravilhosa. Ela tinha uma voz impressionante e cantava com uma paixão por Deus que era contagiante. Você sabe quando queremos elogiar muito alguém e falamos: "Essa garota não canta nada, né"? Mas na verdade o que queremos dizer era exatamente ao contrário? Bem nesta hora, Rafa entra no carro e nos ouve falar daquela jovem. Como sempre acreditou em tudo que eu ensinava para ele, não teve dúvidas, na primeira oportunidade que teve, disse àquela jovem: "Você sabia que meu pai não gosta de como você canta"? Aquela jovem ficou arrasada! Imagine a confusão! Não foi fácil explicar os fatos para ela. Graças a

Deus, era muito nossa amiga e entendeu. Porém, aprendemos que o que os pais falam no carro, em casa diante de seus filhos, ou em qualquer lugar que eles ouçam, por estarem super antenados e confiarem, acreditarão, sempre, em seus pais. Por causa disto, ele só ouviu coisas boas, sobre toda e qualquer pessoa, mesmo daquelas que nós não gostávamos.

Ele nos ensinou que das palavras que guardamos, somos senhores. Das que pronunciamos, nos tornamos escravos.

3. AS FRASES DO Rafa

Diante de um pratão de comida, perguntava:

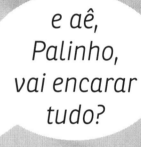

e aê, Palinho, vai encarar tudo?

Quando alguém perguntava, o que gostava de comer, a resposta era rápida:

MUITO

Quando eu errava qualquer coisa, imediatamente vinha a frase:
mas é um mané mesmo. Você é um mané, Palinho, sabia que você é um manezão?
Quando lhe perguntávamos algo, ele respondia com força:
EXATU
É tra já!
é pra já

Quando queria expressar que não gostava de alguma coisa ou não faria algo, com um gesto de sua mão direita, como quem empurrava algo para o lado, dizia:

Chamava Bruna de

Minha Bruna

tô fora, meu

Quando perguntávamos sobre algo que lhe agradava, respondia:

lógico!

Gostava de perguntar ao pai de uma garotinha:

posso orar para sua filha arrumar namorado?

Ele adorava ver a reação de ciúmes que todos os pais tinham de suas filhinhas. Naquelas ocasiões ria, ria muito...

Simbrodrominu de dáu

Síndrome de Down

Gostava de perguntar para as mulheres casadas:

você quer eu ore por você para você engravidar de 4 gêmeos?

Ele adorava ver a reação de pavor das mulheres.

Chamava Camila de
Fifia
Quando reprovava algo, dizia:
sai dessa lama, jacaré!
Chamava-me de
Palinho soberano

Quando alguém lhe dava um pratão de comida, dizia: "cara, minha mãe vai me matar, meu". Mas comia tudo. E quando chegava em casa, logo confessava pra mãe, justificando-se:

eu falei que
você não ia gostar,
Mamita, eu falei, eu juro

Chamava Lucia de

Mamita
poderosa

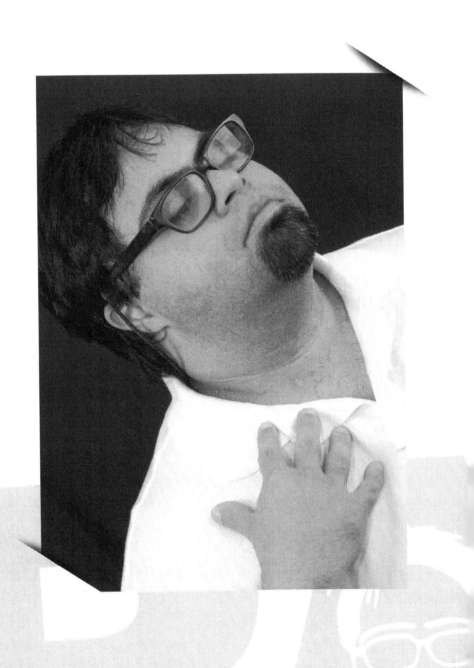

4. SEUS ÚLTIMOS ANOS EM *Orlando*

Minha vida de pastor nos levou a vivermos em vários lugares. Vivemos em São Paulo e Curitiba, no Brasil; Florida, no Uruguai; Boston e Orlando (atualmente), nos EUA.

No ano de 2002, mudamos para Boston, onde eu pastoreei uma Igreja Batista Brasileira. Foi uma experiência enriquecedora e também muito difícil (em nossos últimos anos naquela região). A Igreja cresceu bastante e declinou fortemente durante a crise econômica americana de 2008.

Foi um tempo de muita incompreensão, acusações, choro e depressão. Perdemos nossa casa e mais tarde deixei a igreja. Por entender que as mesmas pessoas que foram usadas por Deus para nos convidar, agora estavam sendo usadas outra vez, para desejar nossa saída. Oramos muito.

Antes de tomar a decisão, orei na Igreja por seis meses. Todos os dias, as 5 horas da manhã, em dias de neve ou sol, dobrava meus joelhos aos pés do púlpito daquela igreja e chorava até as 7 da manhã. Então levantava-me e ia para o trabalho secular.

Os céus estavam fechados. Até que um dia o Senhor me sinalizou, sem dúvidas e com algumas confirmações, que seria o tempo de entregar o cargo de pastor. Saímos com dor. Amávamos aquelas pessoas.

Por força das circunstâncias, fui trabalhar numa clínica que atendia crianças com transtornos emocionais. Ali, ganhei uma tremenda experiência no tratamento psicoterapêutico e pude ajudar algumas pessoas. Novamente Deus estava usando tudo aquilo para sinalizar a próxima mudança de nossas vidas.

Certo dia, Deus começou a fazer algo dentro de nossos corações. Algum tempo depois, fui convidado para liderar um departamento de uma igreja americana, na cidade de Orlando. Fora aceito para ser o pastor de brasileiros - na igreja americana.

Em Orlando, Rafael teve os melhores anos de sua vida. Amadurecera e fizera centenas e centenas de amigos. Aprendeu a transmitir ao vivo, pelo Facebook, seus exercícios físicos, seus louvores e sua alegria. Enviava seus recadinhos em áudio e vídeos para todos os aniversariantes da Igreja. Cantava, algumas vezes, nos cultos de nossa Igreja. Era feliz. Muito feliz. Contagiava a todos com sua alegria e absoluta franqueza.

Em Orlando, em sua Igreja ou em sua célula, viveu intensamente. Bailou, brincou, se divertiu, adorou a Deus com fervor impactante, serviu pessoas, amou a todos.

Não sabíamos, contudo, que em Orlando, iríamos passar pelos mais doloridos dias de nossas vidas (de 21 de abril a 02 de maio de 2017), quando, nosso amado anjo vestido de gente, começou sua jornada rumo à sua morada eterna.

Como falou, uma vez, C. S. Lewis: "Agora, os céus desta cidade cobrem minha cabeça de lembranças de meu amado". Por onde quer que eu ande, em alguma esquina, prédio, calçada, restaurante, teatro, parque, ou veja algo, me faz lembrar dos melhores anos de vida de nosso filho. Faz-me lembrar, com eterna gratidão a Deus, dos melhores 31 anos e 7 meses de nossas vidas!

De alguma maneira, que ainda não posso explicar, as consolações do Senhor são tão contundentes, intensas e extravagantes, quanto é a saudade. A saudade provoca uma dor aguda, violenta e atordoante. Ao mesmo tempo, a consolação que vem da parte do Senhor, é por sua vez profunda, forte e reconfortante.

Quando a saudade tenta nos paralisar, as consolações que vem do Espírito Santo do Senhor, nos empurra a viver, a amar e a sonhar. Em algum lugar de meu coração percebo, de forma quase tênue, mas viva, uma chama que começa a aquecer minha alma. Apregoando, ainda como sussurros, que a convivência com esta dor será suportável. Que os meus olhos ainda chorarão, com muito mais lágrimas de gratidão do que somente dor.

Como me defino hoje? Como uma pessoa triste! Antes poderia me definir como uma pessoa feliz e alegre, com algumas situações que causavam tristeza. Hoje, essencialmente, me defino como uma pessoa triste. Com alguma esperança de encontrar algumas alegrias neste chão existencial, não escolhido por mim.

5. NO VALE da Sombra DA MORTE

A MUDANÇA, PARA O SEIO DO PAI

Em dezembro de 2016, Rafa foi atacado por uma bactéria feroz que o levou ao Hospital. Depois de 2 meses de batalha, conseguimos livrá-lo daquela terrível doença.

Passada a primeira fase, deveria ser submetido a uma cirurgia de reconstrução da área genital. Assim, depois de muito conversarmos com os médicos, família e orarmos, decidimos pela cirurgia.

Dia 18 de abril de 2017, o levamos para o hospital.

Rafa foi bem na cirurgia. Foram longas 8 horas no centro cirúrgico. Dias depois já estava liberado para ir para casa. Porém, ainda no hospital, foi acometido de uma trombose que causou uma embolia pulmonar, levando-o a uma parada respiratória, no dia 21 de abril às 7h30 da manhã, em meus braços.

As últimas palavras de nosso filho foram: "Palinho, Palinho, minha cabeça dói, tenho medo. Ajuda-me Palinho, me ajuda. Em seguida perdeu a capacidade de falar e batia com toda força no meu peito, clamando por socorro. Até que, com uma horrenda expressão de pavor, parou de respirar.

Jamais ouvi sua voz novamente. Foi a manhã mais horrorosa, de maior desespero que jamais havíamos enfrentado em nossas vidas.

Aqueles fatos foram marcados a ferro e fogo em nossa mente. Impossível esquecer! Ainda que seja só por uns minutos. Foi desesperador, horroroso.

Aqueles gritos do Rafa, pedindo socorro, soam ainda em minha mente; o tempo todo. O quarto dele se encheu de médicos tentando reanimá-lo. Foi entubado e levado a Unidade de Tratamento Intensivo. Tiveram que retirar os coágulos dos pulmões e do lado esquerdo do coração. Durante o processo, parou de respirar por meia hora. Isto provocou um dano tão grande no cérebro que não pudemos mais tê-lo de volta.

Nos dias que se seguiram, foi acometido de pneumonia, apendicite e sinusite. Mais tarde, bactérias começaram a tomar seu corpo. A cirurgia, por causa de toda a movimentação na tentativa de ressuscitação, se rompeu de maneira assustadora. Foi colocado em profunda sedação e a luta pela vida começara.

MINHAS CONVERSAS COM O PAI

Durante aqueles dias, buscava o Senhor em minhas orações, e Ele me dava textos bíblicos. Aqueles textos eram tão diferentes diante de meus olhos inundados de lágrimas e coração vestido de dor profundamente aguda, que quando mudava de intensidade, era para aumentar e doer mais e mais.

O Dr. Henrik Fexeus, em seu livro: "A Arte de Ler Mentes", diz que nossas emoções podem nos levar a interpretações diferentes das coisas, pessoas e circunstancias ao nosso redor. Creio que é verdade.

Com a dor aguda, confusão de alma, mente perturbada pelo medo da morte, a Bíblia se mostrou, ou mostrou aspectos, jamais vistos antes por mim. Aqueles textos ganharam uma interpretação totalmente diferente.

Nossa família começava a passar por um tempo muito difícil, porquanto nosso filho havia sido submetido à uma cirurgia muito delicada e difícil, a alguns dias.

Abaixo, cito alguns textos que foram parte de minhas "conversas" com o Senhor. Em minha angustiosa busca por um milagre para nosso filho Rafael. Milagre que nunca chegou. Nunca da forma que eu esperava!

Estas foram minhas conversas com o Pai, durante aqueles dias no Hospital:

Na manhã do dia 21 de abril, em pleno processo de recuperação (já com alta, pronto para ir para casa), foi acometido de uma embolia pulmonar e três paradas respiratórias.

O estado de nosso Rafael ficou extremamente crítico. Ele foi levado de nós. Nos separaram dele, em meio de correria e sirenes dentro do hospital.

Onde ele estava então? Numa unidade de tratamento intensivo, sedado, recebendo um tratamento de emergência.

O que mais queríamos saber, naqueles momentos, era quando poderíamos saber se ele teve algum dano cerebral e qual a extensão? Quando saberíamos se ainda teríamos o Rafa conosco ou se houve uma falência completa de seu cérebro?

Minha mente estava confusa. A dor era (ainda o é) estranha, pois jamais a sentira antes. Nunca conheci tal tipo de dor. Nada me parece real. As pessoas, ao meu redor, estão andando muito lentamente, e suas figuras são desfocadas como quem está em meio a uma densa neblina.

Alguém poderia me explicar o que houve? Ele estava conversando comigo, agora a pouco. Onde está meu filho? Meu filho, meu filho, meu filho!!!

Estávamos passando por um dia de espera angustiante e dolorida!

"A esperança adiada desfalece o coração, mas o desejo atendido é árvore de vida". Provérbios 23.22.

O clamor era constante: Senhor, o que estás fazendo com nosso filho? Por que não sabemos nada dele até agora? Precisamos encontrar um fio de esperança. Se há esperanças, lutaremos com todas as forças por ele.

E se houve morte cerebral, o que será de nós?

Sinto demais a ausência de sua voz. Nossa casa está sem música, sem seus louvores. Não ouço seus passos descendo as escadas.

Que saudades! Deus, o Senhor pode curá-lo, não pode? Sei que podes! Mas o fará?

A dor tem se agigantado dentro do nosso peito. A incerteza do amanhã é avassaladora.

Os procedimentos de diminuir a sedação do nosso Rafael, eram adiados quase a cada dia; sempre remarcados para "amanhã".

Eu sei, eu sei, eu sei, eu absolutamente sei, que é o Senhor quem decide! Sei, também, que Ele poderá usar os médicos para nos dizer. Eu sei, eu sei, eu sei, eu absolutamente sei que, mesmo se os médicos atestarem a morte, o Senhor pode fazê-lo ressuscitar! Eu sei! Eu sei, eu sei, eu sei, eu absolutamente sei, que tentaremos não fazer loucuras! Tentarei não me revoltar, em nada, contra o Senhor. Não brigarei com nosso Salvador! Mas não sei se aguentarei. Minha carne ferida, dilacerada, quer respostas, razões, imenso desejo de encontrar "culpados". Preciso dizer, à minha carne, que acima e além de seres humanos e maquinas, há o meu Deus soberano. Eu preciso repetir isto para minha carne! A revolta está se avolumando, como vulcão que avisa sobre a erupção iminente. Meu coração está devastado, inundado em dor e tristeza, precisando de paz. Parece sangrando, querer atacar alguém, querer explodir. Preciso dizer ao meu coração: ***"Descansa em Deus! Por que está abatida ó minha alma? Descansa em Deus, pois ainda o louvarei"! Salmo 42.***

Mente cheia de pensamentos antagônicos

Imagens que se multiplicam aos milhares. Desde seu nascimento, festas, sorrisos, suas frases (que eram só dele), seus restaurantes prediletos (todos), suas piadas, suas tiradas, seu jeito de ser. Imagens que me fazem AGRADECER o privilégio de termos sido escolhidos pelo Senhor, para cuidarmos dele até hoje.

São 31 anos, da mais deliciosa vida de um anjo morando em nossa casa! Contudo, também minha mente está cheia de revolta. De uma dor que está me drogando, tentando me controlar e fazer perder o chão debaixo dos pés. Minha mente precisa encontrar o rumo existencial, o novo sentido de vida, o novo ou inovado propósito para eu seguir existindo. Acima de tudo, quando chegar a hora (espero e desejo que ainda não tenha chegado), de saber (de aprender) conviver com o espaço (e que espaço o gordo ocupava) vazio neste planeta Terra.

Meus pés doem muito, ao terem de pisar no chão frio e duro desta vereda obrigatória!

Senhor, Socorro!!!

Nosso filho segue sedado! Quando ele acordar (assim esperamos), saberemos o Rafa que o Senhor nos devolveu. Devolverá-nos?

Tenho muito medo de Sua soberania. Lógico, nossa oração é para que o Senhor nos dê o mesmo Rafa: alegre, carismático, festeiro, adorador, doce, piadista, apaixonado por Deus, pelo Chaves, pelos Três Patetas e por restaurantes (muitos).

Ainda estamos no vale da sombra da morte. Que horrendo é este vale. Você, Senhor, nos diz para não temermos mal algum, por causa de Sua presença conosco no vale. Por que este medo imenso e intenso, em minha alma? Você não está comigo neste vale? Estás ao menos com ele? Será que só para quem está passando pelo vale não há medo? Porque eu tenho muito medo!

Operando Deus, Ele é Deus. Não operando Deus, Ele continuará sendo nosso Deus.

Que fácil cantar isto! Que difícil dizer isto, viver isto. Cantar era muito mais fácil.

Nestes dias, diante do desconhecido, do enorme medo de perdermos nosso filho, do silêncio que insiste em proferir gritos de pavor, gritos assustadores no silêncio de nossa casa, como é difícil viver. Operando Deus, Ele é Deus. Não operando, continua sendo Deus! Sim! Continua! Mas, eu não, não, não suporto, se você não operar!!!

Estamos na expectativa angustiante de descobrir como o Senhor nos quererá nos dias que virão. Nos dará, o Senhor, dias alegres e festivos? Fará de nós dançarinos, adoradores d'Ele, ou adoradores banhados nas lágrimas (que já são tantas), que insistem em serem renovadas num tanque gigantesco. Nunca me informaram que nosso reservatório de lágrimas é tão grande. Nem mesmo a rapidez com que as lágrimas se renovam... lágrimas de pranto.

Na madrugada, sendo impossível dormir, veio-me à mente, outra vez, o Salmo 23. Especialmente o versículo 4. *"Ainda que eu andasse pelo vale da sombra da morte, não temeria mal algum, porque tu estás comigo; a tua vara e o teu cajado me consolam"*.

Jesus! Jesus! Jesus! Por favor me diz: Por que vamos

caminhando por aqui? Por que, por aqui estamos indo, indo, indo...? Indo pra onde? O que há do outro lado do vale?

"Ainda que eu andasse". Esta possibilidade tem se tornado fato. Nós estamos, DE FATO, andando pelo vale. Mas este vale não é plano e nem mesmo isento de pedras, tocos e bichos nojentos. As pedras estão dilacerando nossos pés. Os tocos a toda hora nos fazem tropeçar e cair. Os bichos nojentos atacam minha mente com venenos diversos e alucinantes. Provocam vertigens e tonturas. Bichos que provocam dores na minha cabeça. São muitos! Já não posso mais andar. Meus pés sangram. Meus joelhos estão rasgados. Temo enlouquecer. Que horror é ter que andar por este vale: *"da sombra da morte".* Sombras densas, impenetráveis, pesadas nos nossos ombros. Sombras que não nos permitem ver nada ao redor, nem mesmo à nossa frente. Tudo que fazemos é tentar ficarmos grudados, uns aos outros, na esperança tênue (quase nenhuma), de que, quem vai na frente, esteja por sua vez, bem grudado no Pastor. Pois, qual outra chance de acreditar que estamos na direção certa, senão ficarmos grudados uns nos outros? A escuridão penetra pelos poros e atinge a alma e a mente. Já não posso mais me ver, nem me reconhecer, nesta escuridão assustadora.

"Não temerei mal algum". Não? Nenhum? Nadinha? Nem um arrepiozinho? Então cadê minha fé? Eu sinto medo, muito medo. Minha pele esta arrepiada, minhas

pernas trêmulas. Já não posso impedir as vozes dos espíritos, habitantes das sombras, uivarem em minha cabeça, com uivos horrorosos. Uivos que insistem em me dizer que a morte vai ganhar, será vitoriosa. Alguém aí poderia repetir, repetir e repetir à minha alma? *"Tragada foi a morte na vitória. Onde está, ó morte, o teu aguilhão? Onde está, ó inferno, a tua vitória"? I Coríntios 15.54,55.*

Alguém, algum anjo ou o Espírito Santo, poderia gritar dentro em mim, mais alto do que os espíritos da sombra da morte? Eu temo! Eu temo Jesus! Eu confesso! Socorro, eu temo.

"Porque Tu estás comigo". Está mesmo? Cadê você Jesus? Será que O Pastor está mesmo aqui? Alguém aí pode sentí-Lo? Mesmo? De verdade? Porque eu não consigo ver,

perceber, ouvir e nem mesmo sentí-Lo? Meus olhos estão inundados de chorar e já não posso ver. Meus pés dilacerados por causa das pedras pontiagudas do vale. Meus joelhos rasgados, por causa das tantas quedas do caminho. Meus ouvidos estão escancarados às vozes dos bichos nojentos. Como saber que Ele, de fato, está? Como ouvir Sua voz? Como perceber Sua presença? Como é que faz para ouvir Sua palavra de ânimo? Jesus, por que Você fica neste silêncio indiferente? Parece que lhe agrada nossa dor. Parece que há satisfação em Seu silêncio indiferente a nós.

"Tua vara e o Teu cajado me consolam". Tua vara, eu a tenho sentido! Ela tem descido forte em minhas costas e pernas. Tua vara tem quebrado minhas pernas. Minha capacidade de andar em pé já não existe. Quanto muito agora, me arrasto atrás de Ti, meu Salvador. Já não posso mais andar altivo diante dos homens. Só me resta andar encurvado. Para ser, perceber-me, tornar-me o menor de todos os homens. Mesmo que eu quisesse me erguer, Tua vara já quebrou minhas pernas e encurvaram meu pescoço.

Sabe Jesus? De alguma maneira que eu não posso Te explicar, agora posso sentir Tua presença. Não por causa de Tuas mãos, afagando-me ou sustentando-me, mas por causa da vara que zune em meus ouvidos, corta a carne de minhas pernas e lhe quebra ossos. Como dói viver de joelhos.

O Teu cajado! Onde está? Preciso dele para ser levantado. Sem ele ficarei prostrado. Teu cajado! Onde está? Onde está? Se Tuas mãos não podem, por agora, me infundir alento, ao menos toca-me com Teu cajado e, por favor, por favor, por favor, traga-me alguma consolação.

Você é meu Pastor, de alguma maneira há ainda, no fundo de meu coração, em regiões distantes de minha alma, em algum labirinto escondido de minha mente, uma voz que me diz: *nada te faltará!* Esta voz é sufocada pelo Teu silêncio, que aos meus ouvidos se parece a uma indiferença. Uma demonstração de que

Tu não estás interessado em minha dor, e nem mesmo no sofrimento de meu filho. Não Lhe dói nada, né?

O tempo e a dor

Cinco dias já se passaram, desde que Rafa parou em meus braços e ainda continuávamos na angustiante espera. Na busca dolorida de uma vitória!

Meu filho, volta para casa. Sinto demais sua falta. Há na cidade, por todas as ruas e esquinas, prédios e bosques, restaurantes e igrejas, lagos e lojas, uma lembrança de você. Em todos estes espaços vazios está faltando você. Minha saudade está doendo muito. Os céus de nossa cidade me cobrem de recordações de você, meu amado.

Levanta meu amado! Volta, volta para casa. Volta pra mim, volta!

Os profissionais seguiam lutando muito para que ele se mantivesse estabilizado e sem a chegada de qualquer nova infecção.

Nossa súplica, naquela manhã, era para que, em tempo breve, ele conseguisse respirar sem estar entubado. Para tanto, precisaria vencer a pneumonia que ainda o fragilizava muito. Também os rins foram machucados (a creatinina está em 2.4).

Quando o Senhor nos desse aquelas vitórias, descobriríamos se ele estava bem. Se estava como antes.

Meu coração estava voltado a Jesus, meu Senhor. Minha mente estava firmada no meu Salvador. Seguíamos com os olhos fixados nEle, somente nEle.

Minha dor, todavia, seguia aumentando. Naquele dia, pensei que não suportaria. Minhas costas não podiam (e ainda não podem) ficarem retas, senão encurvadas. Minha cabeça pendia (e ainda pende) ao chão, sem que meus olhos, por um segundo sequer, percam de vista o Céu, donde poderão vir as bênçãos do meu Salvador.

Mais um dia passara, era mais dolorido, mas estava ali, na presença do Senhor. Sei que Ele recolhe minhas lágrimas (Salmo 56.8). Eu acho que Ele vai fazer uma piscina no Céu, deve ser! Será que Ele ainda nos dará Sua vitória. Em qualquer circunstância a glória será dada ao nosso Salvador!

Mais um dia

Estávamos começando outro dia, outra jornada, outra oportunidade de pisarmos no chão da experimentação da vida.

Ainda um chão embrutecido, que exigia aguda dor

e incontidos gemidos. Não havia outro trilho, outra calçada. Não havia (e não há) como encurtá-lo e nem mesmo como pedir a alguém que nos substitua.

Nossa vida subsistia aos percalços do caminho. Às vezes ligeiramente forte, outras extremamente moribunda. Atraindo corvos vorazes, que insistiam em fazer ninho em nossas cabeças.

O exercício de pisar com pés quebrados, no chão cotidiano da caminhada, rumo à vida, ao milagre da vida, era agravado pelo esforço de espantar corvos. Impedí-los de sobrevoarem minha cabeça, quase já não conseguia. Evitar que façam ninhos em minha cabeça, isso posso, isso devo; por isso eu luto. Ainda que já perceba algum corvo anunciador de más notícias se instalando em minha mente.

Sim! Estava com medo! Com muito medo. Não desconfiança do meu Deus (só um pouco). Mas, muito medo do que viria. Medo de viver espaços vazios, lugares que celebrarão a ausência da vida do ser amado.

Por causa do medo, preciso ser corajoso. A coragem só se faz necessária quando existe o medo. Se o medo inexiste, igualmente é inexistente a coragem. Porquanto, coragem é a decisão por uma ação, no ambiente e no território do medo. Apesar do medo, age, mesmo que com medo. Medo é um sentimento. Coragem é uma ação. Coragem não elimina o medo, antes vive em suas entranhas. Medo intimida a coragem. Porém, se a coragem fizer morada nos recônditos do medo, poderá agir a despeito de onde mora.

Para os teólogos de plantão que lembrarão de: *"No amor não há temor, antes o perfeito amor lança fora o temor; porque o temor tem consigo a pena, e o que teme não é perfeito em amor". 1 João 4.18.* O substantivo amor, aqui, é uma referência a Deus. Cuja essência é o amor, e lança fora todo nosso medo de estar na presença d'Ele. No ambiente aconchegante do amor verdadeiro se perde o medo do abandono, da traição e da injustiça. O Deus que é amor, lança fora o nosso medo de sermos por Ele abandonados.

Não vou perder a fé. Nem me revoltarei contra o meu Senhor. Não vou perder a esperança. Não vou perder a bênção da comunhão com meu Senhor.

Somente o que quero perder é a dor do perder, que só se perde quando o perder se perde.

Queria muito perder a dor. A dor de ver meu amado sofrer sem saber o porquê. Sem entender a razão, ou o objetivo. E isto me adoece, me esmaga e me revolta.

Gostaria de perder a dor, que a lembrança de seu rosto agonizando gravou em minha mente e coração.

Como gostaria de perder esta dor, que só será perdida quando meu filho for salvo de sua dor.

Como eu clamava: "Levanta de teu leito de morte,

de teu leito de cortes e aflições, de sustos e pesadelos. Levanta meu amado, levanta e venha para meus braços. Em meu peito encontrarás seu bálsamo, encontrarás meu coração, encontrarás todo o meu amor.

Levanta-te, e abraçado comigo, num abraço infindável e pleno de afetos, caminhemos por estas novas sendas, celebrando nosso amor.

Vamos filho amado, vamos comigo embriagar-nos no doce néctar do amor.

Vamos meu amado filho, vamos dançar a nossa coreografia de paixões compartilhadas.

Vamos meu filho, assistir o Chaves, os Três Patetas e as vídeo-cacetadas.

Vamos rir à vontade, sem nos importarmos com a opinião dos bobos, dos chatos, dos que não sabem nem o que é o amor, nem o que é a paixão, nem o que é a embriaguez da alegria, nem o que é viver intensamente. Pois sabemos quem é o nosso Remidor.

Desperta meu filho! Levante-te meu amado! Volta para mim! Volta!!!"

As grandes batalhas daquele dia:

- A pneumonia e inflamação do apêndice precisavam ser vencidas;

- Todo e qualquer sangramento, precisava ser evitado;

- A cirurgia precisava cicatrizar.

Rafael precisava de muita força. Enfrentaria o duro processo de diminuição da sedação, para que nos desse sinais de que poderia ser liberto da máquina de oxigênio, e ser então desentubado.

Seriam horas (mais ou menos 5 horas) de agonia e sensação de extremo desconforto.

Sofria com ele, minuto a minuto. Estive com ele, para tentar comunicar-me, e assim obtermos os sinais que tanto ansiávamos. Se ele me entenderia, me responderia adequadamente, ainda tinha sua mente. Rafa venceria? Será?

A Ti Senhor Jesus, levanto minha súplica. Será hoje o dia destas vitórias? Será hoje o dia, em que as portas do encarceramento serão escancaradas e o risco da morte desfeito? Trará a libertação ao nosso filho, ao meu amado Rafael?

Madrugada difícil

Em outra insone madrugada, fui ler a Bíblia e a Palavra que me veio foi:

"E, depois de concluir todos estes discursos perante o povo, entrou em Cafarnaum. E o servo de um certo centurião, a quem muito estimava, estava doente, e moribundo. E, quando ouviu falar de Jesus, enviou-lhe uns anciãos dos judeus, rogando-lhe que viesse curar o seu servo. E, chegando eles junto de Jesus, rogaram-lhe muito, dizendo: É digno de que lhe concedas isto, porque ama a nossa nação, e ele mesmo nos edificou a sinagoga. E foi Jesus com eles; mas, quando já estava perto da casa, enviou-lhe o centurião uns amigos, dizendo-lhe: Senhor, não te incomodes, porque não sou digno de que entres debaixo do meu telhado. E por isso nem ainda me julguei digno de ir ter contigo; dize, porém, uma palavra, e o meu criado sarará". Mateus 8.1-7

Senhor, seu amado, está moribundo. Não se trata de um "estrangeiro", mas antes, alguém que já Lhe pertence. UMA SÓ PALAVRA Tua poderá trazê-lo de volta do cárcere escuro e agonizante. Acende a mente dele outra vez. Levanta-o com vida e saúde, alegria e folguedo, festas e danças com alegria! Trata-se de Seu adorador.

Nossa casa percebe o silêncio. A música que tanto

Te adora, está emudecida. Não Te faz falta, Senhor? Não desejas Tu Senhor a estridente voz deste servo inocente e puro?

Abençoa-o com pulmões que podem respirar.

Não desejas ver seus braços erguidos em adoração? Não queres mais vê-lo dançando para Ti?

Por que Te demoras para curá-lo (ou levá-lo à Sua presença)? Por favor, ENVIA uma só PALAVRA, e teu amado retornará aos meus braços, que tanto querem trazer o peito dele junto ao meu, já tão carente.

Rafa adentrará ao lugar santíssimo, outra vez, e derramará o perfume de seu amor sobre teus pés Jesus. Se Tu mandar UMA só palavra, ele, outra vez, levantará o incenso de sua adoração apaixonada e empolgante. Este pai, quase desfalecido, ainda com fé e esperança, ainda confiando e perseverando, espera de Você esta ÚNICA palavra.

Senhor, diga-me, por favor (Te imploro), Lhe faria falta só uma ÚNICA PALAVRA? Não? Então por que ainda não a enviou?

Hoje tentarão tirá-lo da sedação! Isto significará horas de agonia outra vez. Sem sedação sentirá todas as dores da cirurgia que se rompeu, quando das tentativas de ressuscitação.

Hoje peço-lhes que me ajudem a orar na busca por um analgésico DIVINO, extremante poderoso, para impedir a violenta dor de uma ferida rompida.

Nosso filho será submetido a uma dor insuportável, sem a mão poderosa do Senhor! Ó Senhor, põe Tuas mãos naquela ferida!

No meio dessa dor saberemos se ele está com o cérebro são! Saberemos se o LEVITA retornará ao seu posto.

Precisarei estar junto dele (e não há outro lugar no universo onde preferiria estar, senão junto ao meu filho)!

Hoje, troco todas as riquezas do mundo por esta ÚNICA PALAVRA tua, Senhor!

Rafael foi tirado da respiração por tubos. Precisa sustentar os parâmetros por uma hora ainda. Logo, poderemos acessar seu cérebro e ver quais respostas neurológicas ele nos dará!

Não, não, não! Nosso Rafa não conseguiu sustentar a respiração, por causa da laringe muito machucada; ameaçou fechar. Ele teve que ser re-entubado e receberá medicação adequada por 72 horas. Depois os médicos avaliarão a possibilidade de desentubar novamente. Se não for possível, uma traqueostomia será o próximo recurso.

Diante do trono do Senhor estamos atirados aos Seus pés! Do trono d'Ele ainda poderá vir a ordem que atenderá nossa súplica!

1º de Maio

No dia 1 de maio, novamente fui conversar com o Senhor: "Olá Jesus, ontem foi um dia muito difícil. Eu bem que acreditei que ontem seria o dia do início do processo da cura de nosso filho. Mas, a meus olhos, não foi não". Os sinais eram de dano irreversível.

"Podes falar comigo, por meio de tua Palavra"? Sim, neste momento, de costas rasgadas, joelhos esfolados e pés quebrados, já não consigo mais ouvir só os "profetas". Alguns "amigos de Jó" já consomem minhas entranhas. Já não os suporto. Preciso de Tua Palavra.

"E aconteceu que, no dia seguinte, ele foi à cidade chamada Naim, e com ele iam muitos dos seus discípulos, e uma grande multidão"; Lucas 7.11

Senhor fostes a cidade de Naim. Não gostaria de vir a Orlando? Mais precisamente a Winter Park? Não haveria um "UBER" nos Céus em que Tu habitas?

Posso imaginar esta multidão Te seguindo.

Seguí-Lo é experimentar o milagre, a cura, as Suas intervenções inéditas, espetaculares, dramáticas, doces, secretas, íntimas ou em público. Seguí-Lo significa estar junto da mais poderosa fonte de fabricação de bênçãos, de operações de milagres. Acho que posso ver e ouvir aquela multidão, aos gritos de alegria e júbilo, somados aos berros pedindo socorro. Gente apinhando as ruas, cheios de esperança, convencidos das possibilidades do novo, da intervenção que pode mudar os rumos e a história de nossas vidas. Ruas apinhadas de gente, gente, gente.

Seguí-Lo significa celebrar a existência e a vida. Seguí-Lo significa experimentar a sombra de Teu corpo passar sobre nós, para renovar a nossa vida e corpo, sarar doenças, extirpar males e demônios, fazer o coxo andar e no templo bailar.

Ao tocar em Suas vestes o corrimento de sangue cessa. Receber o toque de Teus dedos faz o cego poder ver e o surdo poder ouvir. Convidá-lo à nossa casa, filhos ressuscitam.

Alegre caravana é a caravana da vida, do milagre, da esperança, da cura, da ressuscitação. Viva a caravana da alegria! Como eu gostaria de estar agora mesmo, com toda minha família, bailando e dançando em meio à multidão que Te segue na caravana festiva da vida. Mas, não. Não é naquela caravana onde estou hoje. Estou na caravana do próximo versículo.

"E, quando chegou perto da porta da cidade, eis que levavam um defunto, filho único de sua mãe, que era viúva; e com ela ia uma grande multidão da cidade". Lucas 7.12

Vê, Jesus esta grande multidão? Eles estão participando do cerimonial que estabelece o fim da esperança, o fim do esforço humano e da ciência; a caravana da morte.

O féretro que inaugura o estado da saudade, onde se inicia a experimentação da vida que haverá de conviver com espaços vazios, ocos, sem sentido, sem cor, sem cheiro, sem sons, sem o objeto do nosso mais profundo amor. Caravana que segue defunto. Está celebrando o início da vitória da morte, a finalização da respiração, o início da decomposição; porquanto em pó precisará se tornar.

Aqui ando eu. A morte já tem se mostrado mais forte. Já tem me dado seus golpes, tantas vezes que já quase não os suporto. Já estou cambaleando no ringue da vida. Esvaindo estão todas as minhas forças. Já experimento (por duas semanas) os lugares vazios, os espaços sem a presença e o sorriso dele. As insistentes e abundantes lágrimas de meus olhos colorem a vida de cinza. Não há o som de seus passos. Não há som de sua cantoria ao Senhor. Não tenho ouvido sua voz dizer-me "Palinho, Palinho, Palinho...".

Já me faz tanta falta o abraço da noite e o da manhã. Onde estão teus pezinhos que pedem cafuné? Como você me faz falta? E sua ausência dói, com uma dor que jamais experimentei. E se for mais forte hoje, certamente sucumbirei.

"E, vendo-a, o Senhor moveu-se de íntima compaixão por ela, e disse-lhe: Não chores". Lucas 7.13

a. "Vendo-a"! O Senhor viu aquela mãe em prantos? Viu sua dor? Viu seu desespero? O Senhor viu como sua cabeça pendia sobre o peito? Era tão pesado o peso daquela dor. O Senhor viu, né? Será que me vês também? E a minha esposa, esta mãe que já experimenta enorme pesos nos pés, que a fazem se arrastar na vereda dolorida e vazia da presença de seu filho? Você a podes ver? Se não a mim, pelo menos ela? Olhe Jesus, para nós. Porquanto nossos olhos estão fitos em Ti. Não sentes que nossos olhos jogam sobre ti um "raio" que Te queima como fogo?

b. "Moveu-se de íntima compaixão". Senhor eu li que compaixão significa "dor nas entranhas". Tivestes dores nas entranhas por causa daquela mãe e daquele jovem guardado no esquife? Será Senhor, que Te dói também, a nossa dor? Será Senhor, que Te comove ver nosso filho agonizando em dores naquele leito? Lógico, Senhor, que sim. Eu sei. Lá naquela rude cruz o Senhor agonizou por todos nós. Mas será que aquele choro que choraste, ante a sorte de Lázaro, poderia brotar hoje, outra vez, por nós, de Teus olhos?

c. Você disse àquela mãe: "Não chores". Eu sei, eu sei, eu sei que não foi uma ordem, mas sim um sinal de Teu milagre que viria. Ainda que, provavelmente, ela não sabia o que iria acontecer. Senhor, como gostaria de te ouvir dizer-me a mesma coisa. Meus olhos possuem lágrimas aos montes. Logo os depósitos transbordam, formando córregos e poças. Já são tantas, que se derramaram, que na eternidade não terás que secar meus olhos de toda lágrima, de nenhuma. Estou gastando todas nestes dias. Não irá dizer o mesmo à mãe de meu filho?

"E, chegando-se, tocou o esquife (e os que o levavam pararam), e disse: Jovem, a ti te digo: Levanta-te. E o que fora defunto assentou-se, e começou a falar". Lucas 7.14

a. Tu poderias, durante este dia, tocar no leito dolorido, febril, sangrento de meu filho? Poderias parar as rodas daquela cama hospitalar? Por favor, pare o caminhar dos fatos. Por favor, pare o curso furioso das bactérias. Pare o vazamento quase indomável do sangue, que foge pelas portas da cirurgia que se rompeu. Pare o curso da natureza. Só por um momento. Pare! Pare! Se me ouves, pare!!!

b. "Jovem, a ti te digo: levanta-te". Senhor pode fazer isso? Poderia fazer outra vez? Olha Jesus, pensa bem: o caso do Rafa está mais fácil do que o daquele jovem. E muito, muito, muito mais fácil do que o do Lázaro. Pensou? Então,

Tu podes. Mas, mas, mas, Tu queres? Por que não me respondes? Por que ages assim? Teu silêncio me fere, me enche de amargura, de dor, de raiva de Você.

c. "Sentou-se e começou a falar". Isso, isso, isso (já ouvi isso em algum lugar - Chaves). Rafa precisa acordar, e conversar comigo. Sabe por que? Porque depois de três paradas respiratórias (uma de meia hora), a medicina diz que o cérebro foi danificado. Entende? Você entende de medicina, né Jesus? Tu poderias fazer ele sentar e conversar? Falar, rir, pedir comida, e me chamar outra vez de "Palinho"?

d. "E entregou-o à sua mãe". Lucas 7.15. Poderias entregá-lo à sua mãe hoje? Senhor, me ouves? Senhor? Responda por favor. Que me dizes? Que os filhos neste mundo são só emprestados por algum tempo? Estás me dizendo que ressuscitou o filho da viúva e o entregou à sua mãe só para me ensinar o que Tu farás na eternidade, com nosso filho? É isso, que estas tentando me dizer? Lá os filhos serão entregues às suas mães para sempre. Só lá? Só lá é para sempre?

Se esta é a Tua resposta para mim, deixe-me ficar em silêncio por um pouco de tempo. Enquanto minha cabeça pesada pende sobre meu peito e o chão é regado outra vez com minha dor. Todavia, ainda sei que Tu podes!!!

Tá bom (Não. Não está bom, não!) Jesus. Seja feita a Tua vontade assim na terra (aqui em casa, naquele hospital, em nossa Igreja, nesta cidade), como no Céu, onde um dia nos reencontraremos, uns com os outros, para sempre.

Se você, Senhor, levar o Rafa para morar com você, será que quando eu chegar lá, depois, em algum tempo no futuro, eu poderia ser recebido no Céu por você abraçado a ele?

Mas, se desejares, só para que Tu saibas, eu ainda o desejo comigo! Contudo eu o entrego, porquanto o "meu" sempre fora Teu.

"E de todos se apoderou um grande temor, e glorificavam a Deus, dizendo: Um grande profeta se levantou entre nós, e Deus visitou o seu povo" - Lucas 7.16.

a. "...se apoderou um grande temor". Que a Sua vontade traga o quebrantamento e o temor à cidade. Especialmente entre os brasileiros que aqui vivem.

b. "...glorificavam a Deus". Dá que a vida de Rafael

possa ser um instrumento de ajudar as pessoas a glorificarem (adorarem, louvarem, crerem) ao nosso Senhor.

c. "...Um grande profeta se levantou entre nós". Eu sei que isto era uma referência a Você mesmo Jesus. Porém, se nossa vida e nossa morte puder ter algum significado, neste planeta, faz de nós, de toda a minha casa, uma casa cujas vidas profetizam a Salvação.

d. "...e Deus visitou o seu povo". Faz Senhor esta visitação! Se quiseres, vá ao Hospital (lhe passo o endereço pelo What's, já, já). Depois em nossa casa e em toda a nossa cidade. Dá, Senhor, que por tudo que conosco está se passando, o Seu povo se perceba visitado por Ti.

Rafael estava em grande risco. Estava com pneumonia, sinusite, inflamação de apêndice, respirando por aparelhos e sem nenhum sinal seguro de cérebro são. Uma parte da cirurgia rompeu (abrindo toda a sutura), expulsando sangue. A febre não pôde ser vencida até hoje. As culturas de sangue não encontram as bactérias. Os antibióticos, até ontem, não responderam adequadamente. Há ainda uma grande preocupação de algum coágulo escapar dos braços e ir diretamente aos pulmões.

Grande é o milagre que buscamos. Grande é a façanha que do Senhor esperamos.

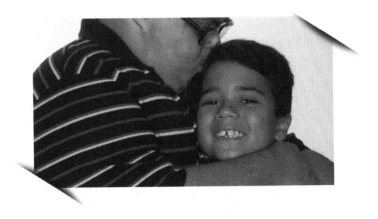

Rafael, você está nas mãos (de onde nunca verdadeiramente saiu) de Deus.

Sim! Ainda cremos, ainda esperamos, ainda lutamos, ainda olhamos só para cima.

Sim! Nossa fé também nos ensina (com dor imensurável) pronunciar: SEJA FEITA A VONTADE DE DEUS!!!

A caravana da MORTE foi chocada com a caravana da VIDA. E a caravana da vida venceu a da morte, contagiou a morte com vida e ambas as caravanas se tornaram numa só de ALEGRIA, DANÇA, LOUVOR E VIDA.

Envia, pois, uma caravana de anjos, tocando trombetas, harpas e liras (bateria também, porque ele gosta muito de tocar bateria) a se encontrar com esta caravana, que ainda não invadiu as ruas da cidade, mas que já anunciam o roteiro da ribalta, com algumas luzes apagadas.

Na minha caravana de dor e medo, estico meu pescoço, firmo os olhos, anteno os ouvidos, na expectativa ardente de Te ver ao longe.

Mas, tudo que percebia da parte do Senhor era uma horripilante impressão da morte. Que diferença faz um corpo moribundo, como era o meu, receber mais um soco, mais um tombo? Tá me escutando Senhor?

2 de Maio

No dia 2 de maio de 2017, os médicos nos avisaram: "Rafa está tomado de um choque séptico. Outro coágulo entrou em seus pulmões, tirando-lhe absolutamente a chance de viver fora dos tubos de oxigênio. O cérebro dele está danificado, com danos profundos. Ele não poderá, jamais, deixar os tubos de oxigênio. As bactérias estão atacando de forma incontrolável, daí o choque séptico. Não há mais chances. Ele já não está mais aqui. Não há mais nada a fazer".

Os médicos disseram-me que poderia escolher entre mantê-lo em coma... entubado e esperar o "serviço" das bactérias, ou deixá-lo ir. Minha resposta em gritos de dor para o médico intensivista foi: "Doctor, please let him go! Doutor, por favor, deixe-o ir." Pediram-me para que tomasse a pior decisão de minha vida. Só eu poderia autorizar o desligamento das máquinas e deixá-lo ir para o seio do Senhor. Foi a mais dolorosa experiência de minha vida. Rafa foi desentubado e seus pulmões entupidos pararam quase que de imediato. Porém, seu coração forte ainda bateu por uma hora e meia, até parar.

Eu, e minha filha Camila, acompanhamos os últimos minutos do Rafa aos sons de hinos de louvor. Camila segurava uma de suas mãos e eu a outra. Chorávamos, em meio a carícias em seu rosto e beijos que molhavam seu peito com nossas muitas lágrimas. Esperávamos pelo momento do último suspiro, que inauguraria, para ele, a entrada nos portais da eternidade, e a nós a inauguração de uma vida a ser experimentada em ruas cujas casas, árvores, pássaros, pessoas e prédios são pintados de cinza escuro.

Estávamos a minutos de provar o gosto amargo da ausência, e as contorções de nossas entranhas, no ambiente vazio, sombrio e horrorosamente silencioso, numa geografia a ser experimentada sem o nosso amado.

Uma hora e meia depois, ele deu seu último suspiro e dormiu, dormiu, dormiu. Diante de meus olhos, com meu abraço, beijos e lágrimas. Lágrimas que ainda seguem abundantes, agora mesmo, enquanto escrevo estas linhas.

Hoje, dia 2 de maio de 2017, às 9h30 da noite, Rafael nosso filho, aos 31 anos e 7 meses de vida, mudou de endereço! Foi morar com o Senhor Jesus! Ele nos emprestou um anjo, e agora o levou de volta para casa!

Até logo filho! Um dia nos reuniremos outra vez e então, será para sempre!!!

6. O ESMAGAMENTO no Getsêmani

Deus e Seu filho — eu e meu filho: sentido e propósito

Lá estava eu na madrugada seguinte à partida de nosso Rafael, tentando ouvir (entender, algo saber) da parte de Deus. Que presunção a minha.

Senhor, Senhor, Senhor da minha vida. Senhor da minha casa. Senhor de meus bens. Senhor deste Universo, por Ti construído e sustentado. Senhor meu e Deus meu!

Quando Teu filho Jesus estava no Jardim das Oliveiras, foi orar debruçado numa pedra chamada "getsâmani". Sei que Getsâmani não é um lugar, mas sim uma pedra. Não é o nome de uma vila, vilarejo, colônia ou cidade. É o nome de uma pedra. Getsêmani (Gat Shmānê, literalmente: "prensa de azeite").

É uma pedra - hoje tem um templo lá - que está situada no sopé do Monte das Oliveiras, em Jerusalém - Israel, onde acredita-se que Jesus e seus discípulos tenham orado na noite anterior à Sua crucificação.

De acordo com o Evangelho segundo Lucas, a angústia de Jesus no Getsêmani foi tão profunda que Seu suor se tornou em grandes gotas de sangue, que corriam até ao chão.

"E, posto em agonia, orava mais intensamente. Seu suor tornou-se como grandes gotas de sangue, que corriam até ao chão". Lucas 22.44.

Estas eram pedras talhadas, de forma que poderiam receber muitas sacas com o fruto da oliveira. A primeira saca recebia sobre ela o peso de 5, 6 ou 7 sacas que eram colocadas por cima, de maneira que a debaixo ia, lentamente, sendo esmagada, fazendo sair o primeiro azeite super-extra-puro. A extração era lenta e dolorosa. A lentidão do esmagamento era a única possibilidade de se extrair o mais puro, mais caro e mais saboroso azeite.

Ali, Teu Filho Jesus, debruçou, e por já não suportar o peso (dos pecados da humanidade inteira), começou a ser esmagado. O sofrimento de Jesus não começou ao ser aprisionado. Começou no Céu, por ter que deixá-lo por minha causa, e então, na "absurda" e "inaceitável" gravidez de uma jovem ainda não casada - uma virgem. Depois segue seu sofrimento por não haver lugar algum para que nascesse.

Naquele dia, no Jardim das Oliveiras, quando Você se debruçou naquela pedra, então o peso de meus pecados, somados aos pecados de toda a humanidade, Lhe esmagavam lentamente. Numa tortura cuja dor é inominável. Você meu Senhor, por já estar sendo torturado e esmagado, lenta e dolorosamente, começa a soltar Tua essência mais pura, mais cara. De teu suor vieram grandes gotas de sangue que corriam até o chão. Ali, o Senhor verteu seu suor, seu sangue, por causa do lento e doloroso esmagamento que jazia sobre suas costas.

Aquelas primeiras feridas eram a medicina que me curaria de todas enfermidades, cuja fonte é o pecado.

"Mas ele foi ferido por causa das nossas transgressões, e moído por causa das nossas iniquidades; o castigo que nos traz a paz estava sobre Ele, e pelas Suas pisaduras fomos sarados". Isaías 53.5.

Fizestes algo parecido com Abraão, quando lhe pedira seu filho amado Isaque. Deixaste Abraão subir ao monte com seu filho que lhe pergunta sobre o animal para o sacrifício. Abraão sabia quem seria sacrificado. Porém, não teve coragem de dizer a seu filho. Então, no momento do sacrifício, já quando com extrema violência o cutelo iria ser baixado, Tu seguraste a mão de Abraão. Ofereceu-lhe o cordeiro, símbolo de Teu filho que viria mais tarde como o Cordeiro de Deus que tira o pecado do mundo. A Abraão devolveste o filho!

Fizestes parecido com o filho da Sunamita: devolvendo-o à sua mãe. Fizestes parecido com Talita: devolvendo-a a seus pais. Fizestes parecido com o jovem morto, filho daquela viúva da cidade de Naim: devolveste o filho à sua mãe. Fizestes parecido com Lázaro: devolveste-o às suas irmãs.

Não fizeste o mesmo comigo, nem com a mãe de meu filho. Sei que farás na eternidade, quando todos nos reunirmos. Eu sei. Porém, aqui, nesta Terra, neste mundo, o Senhor escolheu não fazer o mesmo conosco. Por que não a nós? Não sei. Nem mesmo sei se preciso saber, só sei que Tu és Deus! Tu és Deus!!

Aliás, Senhor, como também não o fizestes com o garotinho encontrado morto naquela praia. Tentava fugir de seu país em guerra. Não fizestes o mesmo com os cristãos cóptos do Egito, degolados pelo Isis. Não fizestes o mesmo com as crianças sírias mortas por armas químicas. Não! Não fizestes o mesmo. Por que será? Nem mesmo sei se preciso saber Seus motivos e planos. Tu és Deus! Tu és Deus!!

E eu e meu filho? Que pretendias, meu Senhor e Deus, fazer conosco ao nos esmagar, numa pavorosa e agonizante lentidão daqueles quinze dias no hospital?

Esmagaste Rafael. Um ser puro, crente em Ti, um intercessor, um adorador genuíno. Alguém que amava tanto a vida.

Amava tanto cantar, sorrir, e brincar com as pessoas. Homenageava mães e aniversariantes. Lembrava de todos os aniversariantes, aos tais enviava seus recados cheios de amor e singeleza. Jamais brigou ou agrediu alguém. Era a pureza vestida de gente!

Que querias Tu Senhor, ao esmagá-lo tão lentamente? Senhor, Senhor, não só um puro azeite conseguiste extrair dele, como também a sua própria vida, sua alma, seu ser. Tudo nele, e ele mesmo, foi destilado pelo esmagamento indomável que se abatia ao seu corpo.

Você estava e está, sempre, no controle de tudo, né? Tu és Deus! Tu és Deus!!

Então posso culpá-Lo por tudo aquilo que fizeste com meu filho, certo? Você é o responsável por tudo aquilo. Você é! Você é!!!

Era isto? A alma de Rafael que querias Senhor? Era isso? Então (lá vai a coisa criada tentar argumentar com seu Criador), por que simplesmente não o fizeste dormir?

Precisava ter lhe esmagado daquela maneira? Precisava? Diz-me, precisava? Os gritos de dor, medo, susto e a confusão que o tomaram, antes de ter uma parada respiratória em meus braços. Vê-lo gritando para mim: "Papai, Papai, tenho medo, dói a minha cabeça, me ajuda, me ajuda, me ajuda... ". Quando já não mais conseguia falar, me batia forte no peito, com toda força que podia, clamando desesperadamente por socorro (que eu não pude lhe dar). Não pude lhe dar tal socorro. Não o pude livrar, enquanto seus olhos de desespero e medo feriam os meus próprios olhos e meu coração.

Esta impotência me consome em acusações e culpa, em falência e derrota. Era a embolia pulmonar que o atacava impiedosamente.

Lógico, Você sempre esteve no controle. Mas, e eu? Você estava lá, sereno, tranquilo, com tudo sob Seu mais absoluto controle. Você se pareceu como a um torturador cósmico. Como vou lidar com tudo isto dentro em mim?

Então, Rafinha pára, na minha frente, em minhas mãos. Ainda vai ter uma parada cardíaca, e outra, e mais outra...

Tudo aquilo foi algo horrendo de ver e viver. Os piores momentos de horror e medo, desespero e gritos que eu e minha esposa jamais pensamos que iríamos passar, ver e experimentar, com o objeto do nosso amor.

Diz-me Senhor, como se sentia? Era como o dentista que fere para curar? Se o dentista tiver misericórdia devolverá o paciente à sua aguda dor? Era isso? Então, onde está a cura? Na luta pela sobrevivência, nosso filho é acometido de pneumonia, apendicite, sinusite e bactérias – superbactérias. Finalmente, teve outra embolia pulmonar. Foi-lhe o golpe fatal. Senhor, sei que estavas no controle. Tu és Deus! Tu és Deus!! Mas e eu? Como vou lidar com isso? O Deus que afirma que me ama e ama meu filho, o tortura com feridas constantes, uma atrás da outra, em um crescente e indomável ferimento?

Tu me amas? É mesmo verdade que se pedirmos em Seu nome, o Senhor o fará? Se batermos a porta se abrirá? Porque, para mim, Você Senhor, a fechou, a bateu na minha cara e deu duas voltas na chave (eu pude ouvir as voltas da chave na fechadura)? Apagou as luzes de Sua casa, para me dar a entender que não havia ninguém lá. Que querias então, com minha casa? Não perceberas, Tu Senhor, que ao esmagar Rafael, na pedra do Getsâmani daquele hospital, estarias esmagando a todos de nossa casa? Lógico que sabias. Mas, não haveria outro jeito de nos esmagar? Não?

De mim, que desejas extrair? Nada de bom suponho, porquanto nada de bom há em mim. A não ser (quase desconfio) que desejavas extrair só o que tenho: malícia, engano, mentira, raiva, ódio, egoísmo, ganância, preguiça, etc. Quem sabe também desejavas extirpar de minha alma o desejo pelo sucesso, fama, aplauso e reconhecimento. Agora, pergunto-lhe: Para que? Para que que extrair toda esta sujeira guardada, bem escondida nos porões obscuros e gélidos de minha mente? Para que iluminar todos estes labirintos inabitáveis, asquerosos, fétidos que compõem o patrimônio de meu ser? Todos estes lugares profundos e obscuros de meu ser, que eu já os havia coberto, pintado, decorado e enfeitado com os adornos e disfarces de minha religiosidade.

Tudo estava caiado, tão bem caiado. Por que o Senhor quis chegar lá? E pior, por que desejastes trazer tudo isso para fora?

Seria para envergonhar-me, diante da plateia que assistia ao esmagamento? Seria para destruir minha reputação e redimir meu caráter? Seria para destruir minha religiosidade e edificar a espiritualidade? Seria para corroer minhas motivações egoístas (muitas vezes pensando no que ganharia em troca) ao servir outras pessoas, fazendo-me, forçando-me servir com amor genuíno, que se entrega por amor a Deus e amor as pessoas? Ou seria para me ensinar que toda a minha compaixão, nestes 35 anos de Pastor, não foi uma compaixão legítima, verdadeiramente humana, verdadeiramente espiritual e santa? Será que toda a minha compaixão pela tragédia da humanidade era só um papel que eu interpretava por força de minhas vestimentas sacerdotais? Será que era isso?

Ainda assim (atrevidamente) lhe pergunto Senhor: Não haveria outra maneira? Não poderia ter me esmagado somente a mim? Sem tocar em teu anjo, que em nossa casa habitou por estes tão poucos 31 anos?

Esmagando-o, como o Senhor o fez naquele "Getsâmani", ao ponto de fazê-lo ir morar contigo. Agora, segue me esmagando... segue me esmagando!

Os lugares vazios de meu filho, me esmagam. Seu quarto sem sons e sem música, me esmagam. A ausência de sua voz, me esmaga. Não mais ouvir sua voz, suas risadas e sua cantoria, me esmagam. Ver um simples objeto que lhe pertenceu, me esmaga. Não receber aqueles telefonemas dele, perguntando-me: "Palinho já tá vindo pra casa? Vai demorar Palinho?" O telefone fica mudo da voz dele e isto segue me esmagando, matando.

Até quando Senhor? Até quando meu Senhor, meu Deus? Tu és Deus! Tu és Deus!

A Ti entreguei meu filho, ao decidir desligar as máquinas que fingiam a vida existir. Por causa disso, desse ato, eu mesmo me acuso a cada segundo.

Entreguei-lhe meu filho, no monte da adoração dolorosa, ao vê-lo lentamente parar de respirar e seu coração parar de bater, enquanto o abraçava aos gritos de medo e horror.

Vê-lo lentamente parar... outra vez... em minhas mãos. Antes, não por minha vontade, agora, por meu consentimento.

Como Você, Senhor, acha que vou lidar com isso? Como, pelo amor de Ti mesmo me diz. Como? Tu és Deus! Tu és Deus!!

Agora, o que me resta sou eu, ou um quase eu, que a Ti se entrega, agora, como o fiz ontem e como o farei amanhã.

O que restou de mim, sem cascas, sem aparências, sem vestes sacerdotais, sem disfarces, sem posturas sociais/políticas/religiosas recomendadas? Só um resto de mim.

Se era isto que desejavas ter, pronto, tome o que de mim restou, para Você! Mesmo porque, ninguém mais vai querer alguém que já não é mais sócio/político/religioso aceitável.

De certa forma, me "alegro" por esta "liberdade", de ser só o que sou, o que restou.

O Senhor deu, com tanta alegria o tivemos, o Senhor o tomou (de forma extremamente dolorosa).

Ao Senhor seja, da forma mais intensa e plena de gratidão, pelo privilégio de termos sido pais de Rafael, toda a glória, hoje e para sempre! Amém!

Quero terminar esta prosa (de hoje), parafraseando seu Filho Jesus de Nazaré:

"Pai, por que me desamparastes"?

Sabe, Jesus, suponho que você foi desamparado, por causa de Seu sentido de vida, de Seu propósito neste mundo: Ser nosso Salvador, né?

Mas e eu, e meu filho? Salvarás alguém, por meio de tudo isto? Será? Daquele auditório com mais de 1200 pessoas, na Celebração a Vida em memória do Rafa, salvarás alguém? Das mais, já, de 15.000 pessoas que assistiram aquela celebração pela internet, salvarás alguém? Farás algo por alguém?

Tu és Deus! Tu és Deus!! Meu Senhor, meu Deus!!! Você Deus e Seu filho Jesus... eu e meu filho... sentido e propósito!

7. A EXPERIMENTAÇÃO DA DOR POR SER Desfilhado

Ainda não posso dizer o que é um luto para mim. Três meses após a partida de nosso filho, estamos apenas tocando o luto, com as pontas dos dedos. Gostaria de (atrevidamente) dizer como estou, diante do que "classicamente" se chama do ciclo do luto.

De maneira quase que geral (guardadas poucas diferenças ou nuances), os autores, sobre o luto, narram coisas que julgam fazer parte das fases do luto.

Minha experiência (que obviamente pode ser única e absolutamente particular) no enfrentamento da experiência da separação de um filho, tem sido marcada por uma grande confusão e mistura de sentimentos.

Em meu processo de "desfilhamento", não estou passando de uma fase para outra, como as chamadas "fases do luto" pressupõem. Ao contrário, todas as "fases" se misturam dentro em mim. Entorpecem as ideias, embriagam as vistas, formigam as pontas dos dedos, enfraquecem minhas pernas (doem muito). Minha disposição para a leitura (normalmente leio dois ou três livros, ao mesmo tempo, ao mês) desaparece e volta instantaneamente, repetidas vezes na semana.

Sentimento de culpa, revolta, amargura e raiva contra Deus alimentam minha carne e, em certos momentos, sãos os sentimentos que mais me aproximam de meu filho, numa estranha relação doentia e disfuncional de amor.

O desespero me incentiva ao abandono do exercício pastoral. Especialmente no que diz respeito aos momentos de louvor na Igreja. Em tais ocasiões passo a "revê-lo" ali, cantando e dançando como ele sempre o fazia. Então, um horrendo pavor e intenso desejo de desistência daqueles momentos reinam, sem resistência, em meu coração e alma. Minhas entranhas se contorcem quando tento me esforçar para parecer sereno diante das pessoas.

Também a dor aguda me coloca em desconforto absoluto diante de pessoas que me buscam para aconselhamento. De um jeito que por vezes parece não lembrarem de minha dor. Ou acreditam, que por eu ser Pastor, já estou "bem" (minha busca por estudar e tentar entender a alma humana, ouvir com amor, empatia e compaixão sobre a dor alheia, sempre foi uma de minhas maiores paixões de vida).

Quando começam a falar, me pego comparando a dor delas com a minha. Torno-me interiormente impaciente, interiormente agredido.

Pessoas precisando de coisas tais como: "Estou preocupado porque minha esposa não para de gastar. Estou buscando trabalho. Estou orando por uma casa nova. Estou precisando comprar um carro. Meus filhos estão desobedecendo-me. Quero encontrar um namorado, etc.". Preciso me esforçar muito (tal esforço me esgota as forças físicas e mentais, exaurindo totalmente minhas energias) para ouvir com amor, paixão, respeito e empatia, as pessoas que se colocam diante de mim. Afinal, cada dor é intensa, pois o corpo humano, à mínima exposição de dor, reage de forma total. Assim sendo, ainda que a dor possa ser menor do que a minha, a reação que o organismo humano promove é absolutamente total. Daí a dor de cada um é absoluta e total, pois a reação foi total.

Tenho aprendido que, infelizmente, não sou, não fui e não serei, o único a experimentar tal tipo de dor. Tamanha dor.

Tenho aprendido que hoje, infelizmente (absolutamente contra a minha vontade), eu tenho como dizer às pessoas que passam por tal experiência: "Acho que posso lhe entender"!

Desde o primeiro dia, tenho vontade de isolar-me de tudo e de todos. Na verdade, tenho desejo, às vezes, de que o mundo pare de viver, de rir, de festejar. Será que ninguém entende que meu filho morreu? Como podem rir, ir a restaurantes, aos parques de Orlando, irem aos teatros e jogos de futebol ainda? Parem! Parem! Parem!

Hoje, três meses depois da morte de meu filho, desejo que as pessoas vivam normalmente.

Desejo que o mundo abra as portas de bares, restaurantes, teatros, estádios de futebol, e parques da cidade.

Porque estamos precisando (ou só querendo) nos isolar?

Estamos vivendo, desde os primeiros dias, uma pavorosa sensação de termos nos tornados numa espécie de provocadores do "desconforto alheio".

Quando eu chego, ou chegamos como casal a qualquer lugar, as pessoas "perdem o rebolado". Elas ficam sem jeito. Estão desconfortáveis. Elas não sabem o que dizer, não sabem o que fazer. Parece que posso ler seus pensamentos: "Devo me levantar? Devo me dirigir a ele? O que dizer? Devo abraçá-lo? Posso continuar comendo? Posso continuar minha conversação alegre com meus amigos? Devo fazer de conta que não os vi? Será que devo colocar uma cobertura (máscara) de solenidade na face"?

Parece que outros pais, quando me olham, sentem medo e horror à possibilidade de também perderem um filho. Eles querem me evitar, pois eu me tornei um anuncio (cartaz ambulante) da possibilidade da tragédia. Parece que as pessoas têm medo de serem contagiadas com minha "desgraça". Sei que tudo isto pode só parecer. Mas é assim que me sinto às vezes.

Nestas horas, ocasiões e ambientes, nos vemos tentados a fugir, desparecer, isolar-nos de tudo e de todos.

Aceitação dos fatos? Acordar do pesadelo e perceber que não era pesadelo, mas sim a mais crua realidade, dói. Rafa se foi. Não existe mais neste mundo. Não irá me telefonar outra vez e perguntar: "Palinho, você já está chegando em casa"?

Eu tento escutar os céus (como no filme: Horton Hears a Who - aquele elefante segurando uma florzinha, que continha um mundo minúsculo, com pessoinhas que tentavam se fazer escutar e escutar o infinitamente maior), tento ouvir a voz do Rafa a me dizer: "Palinho, eu estou bem. Tudo está bem comigo. Estou te esperando chegar em casa. Aqui em casa. Na nossa casa eterna".

A aceitação é por não haver outra possibilidade. Você aceita ou aceita. Uma aceitação revoltante, inconformada. Tipo: "Fazer o que"?

Paz, alívio, restauração, reconstrução? Sim! Mas porque não há outro caminho. Não há outro jeito de ir avante. De seguir nas calçadas da experimentação cotidiana da vida que nos resta. Do resto de nós mesmos, que nos resta.

Não gosto de viver sem meu Rafa. A saudade dele me destrói. Destrói as ganas de ser e viver. Em momentos agudos, chega a consolação que nos garante horas de alívio, de um pouco de forças, de um pouco de esperanças quanto a nós mesmos. Esperanças de aprender a viver esta nova fase de nossas vidas. Esperanças de encontrar o rumo existencial, de encontrar o sentido (novo) da vida.

Não quero ser forte, nem firme, nem valente. Não sou super-humano. Não sou nenhuma espécie de personagem "Marvel" da fantasia religiosa, que ensina ser o Pastor um homem dotado de capacidades sobrenaturais. Fantasia que faz de mim um ser insensível à dor, indiferente ao amor, dono de um órgão sexual amortecido por alguma "poção mágica" encontrada nas prateleiras da comunhão divina? Negando a criação do Criador e por consequência, negando o Criador da criação?

Não sou, e nunca desejarei ser uma figura do folclore religioso evangélico. De quem estampa na cara um sorriso patético, como de uma estátua de cera num museu surrealista (mais para os museus de cera do Madame Tussauds) nos arraiais evangélicos, embrutecidos pela fantasia inventada, sei lá quando nem por quem, do super pastor, ou supra-humano.

Quero ser gente, de carne e osso. Não! Não! Não estou nem forte, nem firme. Estou fraco e debilitado. Por que, pelo amor de Deus, as pessoas querem que eu seja forte e firme? As Escrituras dizem que **"quando sou fraco, então sou forte" (II Coríntios 12.10)**. Então, porque justamente agora, quando o Senhor me concedeu a graça e o privilégio de ser fraco em mim e forte n'Ele, as pessoas querem me tirar o privilégio da humanidade crua e real de ser e estar fraco, debilitado?

Quero chorar todos os choros, gemer todos os gemidos, gritar todos os gritos. Até perder todas as forças em mim.

Só quando o fim chega é que se pode recomeçar.

Aquelas clássicas "fases do luto" comigo anda mais ou menos assim: Tenho descoberto que o luto não se divide em fases lógicas. Não tem sido assim para mim. Não se progride do choque, do trauma de ver seu filho parar de respirar em seus braços, pedindo que o socorra, e você não o pôde. Não se vai de uma fase de revolta, simplesmente, para o desespero, depois retraimento e então à compreensão, à aceitação. Isto tudo é lindo, "romântico", bonito. Mas, teórico, pelo menos no meu caso.

O que se sente é uma mistura avassaladora e atordoante de todos aqueles sentimentos. Tudo ao mesmo tempo, sem lógica, sem ordem, sem dó da gente.

Dor, revolta, confusão, ansiedade, recusa, angústia, depressão, sofrimento, sentimento de culpa, raiva e desejo de encontrar culpados, isolamento, resignação, apatia, solidão, desejo de desistência, pensamentos de morte, desejo da morte. Uma não aceitação do fato, revolta com a irreversibilidade do fato e revolta contra Deus, viram uma sopa que se precisa tragar todos os dias, com gosto de fel.

Neste momento, já se passaram três meses, depois de meu filho gritar de medo e dor, pedindo meu socorro que que não pude lhe dar. Três meses que não ouço mais sua voz, seus cânticos, suas risadas. Não tenho mais seus abraços e nem mais sua gostosa companhia. Toda esta dor, trauma e, todas estas ausências, apunhalam meu coração e mente, de saudades. Impossibilitando que, a chamada última fase do luto, se aproxime de mim.

Compreensão, paz, alívio e restauração? Não. Ainda não. Será que meu imenso (quase infinito) amor por meu filho me autorizaria a ser feliz outra vez? Como se nada tivesse acontecido? Como seu eu não o tivesse amado como o amei e amo?

8. MINHA OPINIÃO (HOJE) SOBRE LIVROS QUE NARRAM CASOS Parecidos

Evidentemente que não li todos os livros sobre perder um filho. Mas os que li (os que contam a história), testemunham os fatos de quem já passou por uma perda de um ser querido, especialmente de pais que perderam um filho é que, na minha experiência tenho aprendido que cada caso é diferente e único.

E o testemunho, ou relato de cada caso, talvez, só talvez, ajudem em casos idênticos. Ainda assim as pessoas, os casais reagem de maneiras diferentes.

Não é a melhor ajuda, nestas horas, ouvir ou ler as histórias de outros casos. Quase sempre ouvir outras histórias de perdas, só aumentam a dor e a revolta! É quase de imediato a comparação com sua própria dor. Acabamos encontrando as diferenças de cada caso com a sua própria situação de perda.

A melhor consolação, a melhor ajuda, é só estar próximo de quem sofreu tal perda, e à disposição para ouvir. Não falar. Só ouvir.

Testemunhos e histórias documentadas, servem mais aos próprios autores, pois desabafam e "documentam" seu amor a quem, e sobre quem se foi. Também a terapeutas que poderão ter um leque amplo de compreensão das diferentes reações. A ajuda a outros pais é muito pequena, na maioria das vezes, quando em meio a sua dor são incentivados a ler sobre a perda de outras pessoas.

Creio que um relato, testemunho ou livro sobre "desfilhamento" servirá, principalmente, para pais saberem que é normal todos aqueles seus sentimentos.

Quando damos "dicas" de como superar, vencer, se ajustar, na maioria dos casos só aumentamos a dor daquelas pessoas. Pois, além de tudo que estão sentindo, passam a carregar uma frustração a mais: não conseguirem superar a própria dor. E, em casos piores, aqueles casais se sentem culpados. Sentem-se culpados pela incapacidade de superar. Há ainda aqueles que se sentem extremamente ofendidos quando tentamos ajudá-los a superar a dor. Interpretam a ausência de dor como uma declaração, um testemunho de que o amor que sentiram era muito pequeno, pois logo acabou a dor. Eu mesmo já me peguei pensando que minha dor deverá ser para sempre - sempre gigantesca, deve ser do tamanho de meu amor por meu filho. Evidentemente que isto não é assim. Assim, porém, muitos se sentem.

Ao tentarmos que saibam de outros casos, ou ajudarmos que "superem" sua dor, sentem como se estivéssemos violentando o que carregam de mais sagrado.

Ao escrever este livro - sobre Rafa e minha dor - minha intenção não é consolar, mas apenas mostrar como tem sido minha dor. A anatomia de minha dor.

O propósito do livro é dizer: cada um sofre do seu jeito, a seu tempo. A história de sua vida é sagrada! Somente sua!

Livros e relatos devem nos ajudar a saber que existe uma multiforme maneira de viver o luto, de experimentar a dor e a confusão de sentimentos.

O grande papel dos livros e relatos de outros pais que perderam um filho, deveria ser nos ajudar a não "enquadrar" ninguém a um processo engessado de terapia! Vejo-me enriquecido com tudo que leio. Porém, minha principal benção ao ler e ouvir outros relatos, foi descobrir que não há modelos universais, nem de sofrimento e muito menos de processos terapêuticos que servirão a todos.

Os títulos, da maioria dos livros, deveriam ser mudados: "Como superar", "Como vencer", "Como ser curado", etc. (tais títulos já agridem antes do livro ser aberto), para quem sabe, títulos como: "Minha dor", "Minha história de amor e saudades", "Saudades", ou coisas assim.

Muitos livros nos ajudam a perceber que a nossa dor e reação pessoal não é errada!

O jeito que alguém supera, vence, reconstrói sua vida jamais será padrão para outros.

Em minha opinião, o propósito de todos os livros que contam a história de perda de outras pessoas, deveria ser: sofre seu luto com liberdade, não guarde seus sentimentos, dê tempo a você, todo tempo que desejar, você encontrará seu novo caminho, aprenderá a conviver com sua dor.

CONSIDERAÇÕES Finais

E AGORA?

Rafael sempre foi meu companheiro. Sempre ia ao escritório comigo. Nos dias que não ia, sempre ficava me ligando: "Palinho, já está vindo pra casa"? "Palinho, já está chegando"? Uma, duas, três e até quatro vezes me ligava perguntando se eu já estava chegando.

Quando estou voltando para casa, fico com o telefone nas mãos, aguardando sua ligação, que nunca vem, que nunca mais virá. Dirigir meu carro e descansar minha mão direita na vareta do câmbio, sem a mãozinha esquerda dele pousada na minha, dói demais.

Ir ao culto e olhar o lugar onde ele sempre sentava, agora vazio, me dói. Caminhar pelos corredores e salões da Igreja, vazios dele, me dói.

O silêncio em casa, sem seus louvores, o lugar dele no sofá, está vazio. Dói demais, dói demais!!!

Que saudades, que saudades!

Hoje nosso coração abriga uma paz (misturada com medo e inconformidade) imensurável e um vazio do mesmo tamanho.

Há momentos de trevas densas à nossa volta, marcada por um silêncio horroroso. Momentos que as lembranças dos dias no hospital nos esmagam com tanta crueldade, que pensamos que será impossível suportar.

Em meio as trevas e ao silêncio, em meio as trovoadas que habitam nas tempestades de nossa mente, aparece o nosso Senhor tomando nossas mãos, dando-nos um pouco de força para dar o próximo passo, ajudando-nos a olhar para frente, enchendo nossos corações de paz e alguma alegria.

Nosso pedido a Deus, a cada segundo, tem sido para que o Senhor nos ensine a viver os dias que virão, um dia de cada vez.

Os dias, semanas e meses de densas trevas, numa escuridão existencial, como quando a experimentamos nos primeiros meses de vida de

Rafa, de novo estamos experimentando. De novo estamos tateando, atordoados, machucados, feridos, enfermados, inconformados e revoltados.

Estamos vivendo nosso segundo luto.

Há 31 anos e 7 meses tivemos que enterrar o filho idealizado e viver as dores e confusões do luto. Nestes dias, que enterramos o filho realizado, outra vez experimentamos as dores e confusões mentais do luto.

Há 31 anos e 7 meses, aprendemos a cuidar de um neném. Nos acomodamos ao fato de que tínhamos um neném. Normalmente geramos filhos, os educamos, os enviamos para a universidade, os casamos e conhecemos os netos. Com Rafa foi diferente. Meio sem perceber (ou fingimos não perceber), Lúcia e eu orbitávamos em volta dele. Nossa razão de viver era a dependência dele de nós. De repente, ele nos foi tirado. E agora? Como se faz para viver sem ele? Como encontrar o sentido da vida no meio desta escuridão existencial.

Começamos a caminhada do novo aprendizado. Lúcia viverá só para mim. Eu viverei só para ela.

Mas como não chorar na cama, por causa da ausência do abraço dele? Como deitarmos e não mantermos nossos olhos na porta do nosso quarto, doloridos de saudades, sabendo que ele já não entrará como fazia todas as noites, para nos beijar, abraçar, perguntar se faríamos sexo naquela noite e, depois nos beijar de novo, dizer: "Boa noite, Palinho! Boa noite, Mamita"!

Há 31 anos e 7 meses, estávamos nas veredas escuras, pisando num chão da experimentação da vida, envoltos na escuridão. Aos poucos fomos sendo orientados. Aos poucos as trevas deram lugar à luz. Aos poucos nossa senda, antes tortuosa e dolorida, era tomada de luz, de alegrias e festas, de carícias e amor que nos embriagava.

Nossa esperança é que, de volta, de novo, outra vez, o Senhor vá dissipando as trevas e fazendo brilhar uma luz que iluminará nossas mentes e corações, ajudando nossos olhos a encontrar a nova razão de viver, um novo sentido de vida.

Será que agora, quando enfrentamos a avassaladora dor da saudade, o Senhor também nos ajudará? Será que nestas ruas cobertas de escuridão, nestas densas trevas, o Senhor nos encaminhará outra vez?

Acreditamos que sim! Acreditamos que sim! Precisamos que sim.

Pois a dor, a saudade, a inconformidade, a raiva, o sentimento de ter falhado em socorrer; tudo isto me assedia com a ideia e o desejo de que o Senhor abrevie meus dias na Terra, para que assim, as portas da eternidade me sejam escancaradas oferecendo-me o reencontro precoce com o amado de minha alma.

Quando a dor esmaga tudo em seu interior, de novo

o mundo ao redor perde a graça, perde a cor, perde o sabor, perdemos as ganas de seguir existindo. Instala-se a depressão na alma, mente e coração. Depressão mentirosa, que nos engana apresentando-se gostosa, acolhedora, amiga. Mas na verdade não é antídoto à dor, senão veneno que expande a dor.

Senhor, acredito, espero, preciso, desejo que me restaure as vistas, os ouvidos, o paladar, afim de enxergar um mundo ainda com cores, cheiros, sabores e sons da alegria.

Como gostaria de bailar outra vez! Meus pés ainda estão quebrados. Minhas pernas ainda estão rasgadas. Minhas costas ainda estão encurvadas, minha cabeça ainda pende sobre o peito. Como fazer para dançar assim? Que outra dança, senão a da saudade? Posso dançar assim?

Ajudarias-me, Senhor? Tenho certeza que sim! Tenho certeza que sim!

OS CÉUS

O que sabemos dos Céus? Pouquíssimo!

A Bíblia fala que Rafa dorme no Senhor. A Bíblia fala que os mortos ressuscitarão e os que estiverem vivos, naquele dia do aparecimento do Senhor, estarão juntos novamente, para toda eternidade.

Não sei como é o Céu. Acho que o Senhor nos permite "formar" (inventar um analgésico às nossas incertezas) uma expressão perfeita do Céu, com base naquilo que gostamos por aqui.

Assim, tomando a liberdade de tornar-me um "inventor" do meu Céu, posso vê-lo tocando bateria, numa banda de louvor, indo a todos os restaurantes de rede do Céu.

Eu o verei, não um "baby", mas um homem forte, belo e perfeito. Lá no céu poderei ter meu carro 1998 BMW Z-3, em "perfeito estado". Rafa passeará pelo Céu comigo (a toda velocidade, pois lá não se morre mesmo - vamos enfiar o pé no acelerador). Capota aberta, braços ao alto. Como riremos fazendo isso. Ele, com sua mão em cima da minha, como fazíamos aqui neste mundo. Sei que me dirá: "Palinho, vamos aos restaurantes comer à vontade? Aqui a gente não morre, Palinho".

Sei que ele, por ser o torcedor número UM do Orlando City (time de futebol da Cidade de Orlando, FL), vai me convidar para assistirmos um jogo do Orlando City. Rafa vai me dizer: "Palinho, vamos ver um jogo do Orlando City, vamos? Aqui eles jogam muito bem"! (Essa é nossa homenagem ao nosso glorioso Orlando City, de Orlando, FL).

Então, quando estivermos juntos, no lar eterno, estaremos abraçados: Bruna e Camila minhas filhas, Gilson meu genro, Gabriel e Thomas meus netos, Lucinha minha esposa e eu. Todos nós abraçados ao Rafa (mais um trilhão de amigos) viveremos a embriaguez permitida da eternidade, juntos outra vez. Desta vez será para sempre!!!

Até que aquele dia se nos faça real, seguirei aqui, chorando de saudades, que não passa com o tempo. Ao contrário, do tempo se alimenta.

Será que, Tu, Senhor, poderia fazer conosco, como fizestes com o Rei Davi?

"Senhor, depois de ter-me esmagado e quebrado; faze-me ouvir de novo júbilo e alegria"! Salmo 51.8

Por que tudo isto dói tanto ainda? Porque não fomos criados para a morte, mas sim para a vida. A morte é uma agressão e ao mesmo tempo é um "tiro que sai pela culatra". A morte, que nos agride tentando roubar-nos a vida, é traída, é enganada. Pois ela, a morte, só serve ao final, como um instrumento que nos leva à verdadeira vida: a VIDA ETERNA.

Que maravilhoso privilégio. Que indescritível privilégio o Senhor nos deu, ao fazer nascer de nossas entranhas um anjo vestido de Rafael. Que maravilhoso privilégio. Que indescritível privilégio foi viver nas veredas floridas e cheias de música, de risadas e da singeleza do nosso anjo filho, do nosso filho anjo.

Aquele anjo morou lá em casa. Agora, mudou de endereço. Foi para um lugar tão lindo e grande que tem espaço para nós também.

Minha alma sempre ansiou pelo Salvador chamando pelo meu nome. A partir de hoje, minha alma também anseia, com gemidos e dores, pelo dia em que outra vez ouvirei de você Rafito: "Palinho, palinho, palinho". Então você pegará outra vez em minha mão e outra vez a levará ao seu rosto.

Se esta espera for só de mais uns minutos, parecerão milhares de anos para mim.

Hoje eu te digo:

Até logo filho! Até logo Rafito.

Palinho, já, já, estará em casa..., já, já. Estou chegando!!! Então nosso abraço será eterno!

Posfácio

1. ATÉ LOGO FILHO!!! (20 de Setembro de 2017: dia do aniversário do Rafa)

Disseram-me uma vez que Vinícius de Moraes, de seus tantos escritos, poemas, canções e palavras encantadas, também escrevera o soneto da despedida. Fui lê-lo hoje e, observando suas palavras derramadas no papel, onde gravou sua dor e desesperança, pensei: "Hoje, que é o dia do aniversário de meu filho Rafael, que nesta data querida, completa 32 anos de existência (sim, porque a morte é só para quem no Criador e Salvador não consegue crer). Pois para nós, os que cremos, meu filho segue vivo – mais vivo do que nunca, e na sua morada eternal, onde certamente está participando de um baita festão. Pensei em escrever o meu "soneto": "O meu escrito do Até Logo".

O meu escrito do Até Logo

Oi filho, aqui é Palinho...

De repente do riso fez-se o pranto,

Quando seu silêncio se tornou em meu grito, em minha dor e, em meu pavor...

O ruído ensurdecedor de seu silêncio, emudeceu todos os outros sons da cidade, dos cantores e dos adoradores.

E de sua mão, que já não pousa mais sobre a minha, só me resta o espanto.

Até logo, filho!

De repente a calma, com que você foi tomado, virou furioso vento em minha mente abatida, em meu coração dilacerado, em minhas emoções, naufragando a minha alegria... para sempre. Será sempre assim?

Até logo filho!

Quando seus olhos fecharam, os meus foram tomados de uma densa neblina que ainda confundem meus passos.

Meus olhos antes alegres, quando enxergavam os seus, agora cegos sem o brilho dos seus, tropeçam nos desníveis da vereda que me é obrigatória.

Até logo filho!

Naquela manhã, depois de seus gritos de socorro, pedindo-me para salvá-lo (e não pude, não pude, não pude) serem sufocados pelo chamado da Graça, que estava lhe fazendo atravessar os portais da eternidade, me sobrou a dor da incompetência paterna. Mas não será assim para sempre. Não será assim para sempre.

Eu não o pude fazer (porquanto sou só pai, só pai, jamais "deus") o que só Deus poderia fazer, e Ele não o quis.

E da sua imobilidade surgiu meu drama, minha sina, meu

destino certo (ou incerto), mas sem clareza ou alegria no caminho.

Até logo filho!

Me tornei o amante sem amor; o antes contente, agora "desfilhado", triste.

Mas não será assim para sempre. Não será assim para sempre.

Até logo filho!

Você sempre tão próximo e exigente de mim, agora vive longe, numa cidade de onde não pode vir... E será assim para sempre. Será assim para sempre.

A aventura que era, com você viver, é agora só uma constante mirada nas aborrecidas horas. Para ver se passam mais rapidamente, e meu até logo ser logo.

Mas sei que de repente, não mais do que de repente, o verei outra vez. Desta vez será para sempre. Será para sempre!

Já não podes mais me ligar a perguntar: "Está chegando, Palinho?"

Porém, meu coração pode ouvir sua voz que reclama por minha chegada.

Prometo-te, filho, já estou a caminho, já estou quase às portas do seu novo condomínio.

Estou a caminho filho! Logo, logo estarei aí filho! E será para sempre!

"Palinho".

2. SAUDADES

Seis meses de saudades! Nesta semana, num velho castelo nas montanhas de Sintra, quando eu olhava o longínquo, por um dos arcos do castelo, a saudades apertou tanto! Então, chorei no papel e... reparto com... vocês!!!

"Depois que você se foi, meu mundo se tornou QUASE:

Quase colorido,

Quase bonito,

Quase agradável,

Quase interessante,

Quase alegre,

Quase bom de ser viver,

Quase, quase, quase, mas não mais totalmente.

A não ser, quase que TOTALMENTE:

Quase que totalmente desinteressante,

Quase que totalmente sem sentido,

Quase que totalmente descolorido,

Quase que totalmente aborrecido,

Quase que totalmente ruim de se viver

Quase que totalmente triste,

Quase que totalmente sem você, porquanto de suas lembranças eu TOTALMENTE:

Totalmente sou envolto,

Totalmente sou consumido,

Totalmente me contorço,

Totalmente me alimento,

Totalmente me sacio,

Totalmente, desejo-o de volta a meus braços.

Mas, como absolutamente sei que não voltarás a mim; ABSOLUTAMENTE sei:

Sei absolutamente que estás bem,

Sei absolutamente que estás feliz,

Sei absolutamente que estás são,

Sei absolutamente que me aguardas,

Sei absolutamente que irei a você e, então, contigo ETERNAMENTE estarei,

Contigo eternamente viverei,

Contigo eternamente me alegrarei,

Contigo eternamente, estarei abraçado,

Contigo eternamente estaremos plenos de afetos, beijos, risadas e abraços;

Então todo o "quase" será passado e o reencontro será um eterno presente!

3. Bruna, minha filha escreveu
este texto sobre o Rafael:

Eu ainda acho muito estranho falar do meu irmão no passado.

Parte porque eu morro de medo de deixar ele por lá, e parte porque parte de mim ainda quer acreditar que talvez tudo tenha sido um engano e que ele vai entrar pela porta de casa, só que dessa vez de verdade e não em sonho.

Quando éramos pequenos, ele gostava de pegar minhas bonecas para ficar jogando elas de cima do sofá. Amava ficar vendo as coitadas caindo do assento até o chão, e fazia isso por horas. Às vezes, elas quebravam e eu ia correndo brigar com ele, pronta para discutir. Só que ele sempre me frustrava. Ele nunca brigava comigo; ele esperava eu acabar o meu discurso e depois só falava "me desculpa." E era isso.

E sempre ia ser se qualquer outra pessoa fosse louca o suficiente para discutir com ele. Porque nenhuma fibrazinha sequer do seu corpo tinha maldade ou rancor.

O Rafa era melhor que todo mundo. Ele era mais engraçado, mais carinhoso, mais legal, e mais original do que qualquer pessoa que você conhece, e sinto dó de quem não teve a sorte de viver com ele.

Ele faz falta todos os dias, dentro desse vazio e desse silêncio que ele deixou com a gente.

Eu te amo, Rafa, e não vejo a hora de te abraçar de novo.
Sua Bruna.

4. Camila, minha outra filha também escreveu um texto sobre o Rafael:

"...vida longa eu lhe darei..."

Nesses últimos seis meses, tenho "morado" no livro dos Salmos, lido e relido expressões de dor, alegria, frustrações, esperança, mas acima de tudo, expressões de louvor.

E de que outra forma poderia eu guardar a tua imagem na minha memória se não através dos louvores? A honestidade dos salmistas me fazem lembrar de você, que sempre com tanta singeleza, expressava o que sentia e se derramava aos pés do Salvador.

Tenho me dado total liberdade de sentir os mesmos sentimentos que os salmistas sentiram, sem nenhuma reserva ou vergonha, mas fazendo aquilo que você fez de melhor, vivendo por completo, experimentando as dores e alegrias dessa vida, com os olhos voltados pro alto.

Confesso que ainda não compreendo tudo o que Deus fez e está fazendo. Às vezes, outros salmos me vêm a mente, especialmente nos dias em que meus pensamentos estão bagunçados demais para se organizarem sozinhos. "Faz-me discernir o propósito dos teus preceitos, então meditarei nas tuas maravilhas" (Salmo 119.37), "Como são felizes os que em ti encontram suas forças, e os que são peregrinos de coração! Ao passarem pelo vale de Baca (ou de lágrimas) fazem dele um lugar de fontes; as chuvas de outono também o enchem de cisternas (ou de bênçãos)" (Salmo 84.5-6).

Apesar de não entender, existe dentro em mim uma profunda convicção de que, como tudo que se relacionava a você, isso também será grande e magnífico. E eu gostaria muito que você estivesse aqui para celebrar tudo que Deus vai fazer.

Mas Deus escolheu te revelar a glória dele por completo, e a nós somente alguns pequenos relances, por enquanto.

A mim agora me resta viver e presenciar o que está por vir. Amar os que tanto te amaram e junto deles carregar a tua memória para sempre.

Vida longa, meu irmão, ainda que somente nas nossas memórias e lembranças. Vida longa, até que enfim desfrutemos da vida eterna juntos.

Camila ou: "Fifia", como você me chamava.

5. LÁGRIMAS NO CÉU

"Lágrimas no céu". E entre as músicas mais pessoais de Clapton, foi co-escrita com Will Jennings, sobre a intensa dor que Clapton experimentou após a morte de seu filho Conor, de quatro anos de idade. O jovem caiu de uma janela no quinquagésimo terceiro andar de um apartamento na cidade de Nova York.

Você saberia meu nome?

Se eu te vi no céu?

Seria o mesmo

Se eu te vi no céu?

Eu devo ser forte e continuar

Porque eu sei que não pertenço aqui no céu

Você seguraria minha mão

Se eu te vi no céu?

Você me ajudaria a ficar de pé?

Se eu te vi no céu?

Vou encontrar o meu caminho através da noite e do dia

Porque eu sei que não posso ficar aqui no céu

Eric, cria que o Céu não era sua morada eterna. A dor inimaginável da perda do filho, de ser desfilhado, agravada com a "certeza" (ou ao medo) de saber-se não pertencente ao Céu. O que o destinaria a viver eternamente separado de seu filho. Dor eterna!

Minha dor é temporária, pois meu Salvador, por causa de Sua Graça (só isso e mais nada; nada em mim, porque nada há de bom ou aceitável em mim), me garante o reencontro eterno com meu filho. Então eu, já não mais serei, jamais serei desfilhado.

SOBRE O AUTOR

Nivaldo Nassiff nasceu em São Paulo, SP – Brasil, no dia 09 de dezembro de 1955. É casado com Carmen Lucia Nassiff, desde 11 de outubro de 1980, com quem teve três filhos: Camila Garcia Nassiff – 21 de dezembro de 1981, Rafael Garcia Nassiff – 20 de setembro de 1985 – mudou-se para o Céu em 02 de maio de 2017 e Bruna Garcia Nassiff – 17 de abril de 1989.

Possui Doutorado em Clinical Christian Counseling, Mestrado em Clinical Christian Counseling e Bacharel em Clinical Christian Counseling pela Florida Christian University; obteve o Bacharel em Teologia pela Faculdade Teológica Batista de Perdizes / São Paulo.

É Pastor Batista vinculado à Ordem dos Pastores Batistas do Brasil da Convenção Batista Brasileira. Implementou a Primeira Igreja Batista do Parque São Rafael - São Paulo. Foi Pastor da Igreja Batista Vila Prudente - São Paulo. Iniciou o Ministério da CENA - Comunidade Evangélica Nova Aurora - que trata de adictos, prostitutas, sem-teto, bêbados, prisioneiros, entre outros. Implementou uma nova igreja na cidade da Flórida no Uruguai, período de 1989-1991. Foi Pastor associado da Igreja Batista de Curitiba. Pastor Senior da Primeira Igreja Batista Brasileira da Grande Boston de janeiro de 2002 até junho de 2010. Pastor Senior da Igreja do Global Village Church de julho de 2010 até outubro 2012. Foi Pastor associado da Primeira Igreja Batista Hispânica da Grande Boston de 2004 a 2010. Atualmente, é Pastor Associado da First Baptist Church of Orlando – Brazilian Ministry.

Em abril de 2000 - 2002, representou a América Latina para o trabalho missionário SIM - Sociedade Internacional de Missões, e também INTERSERVE, uma agência especializada em inserir profissionais dentro de comunidades pobres em todo o mundo. No Brasil, esta instituição é chamada de "Parcerias Internacionais Latino-Americanas - ALPI".

É autor do livro "Aprendendo a Evangelizar com Jesus Cristo". Professor associado de "Atos 1: 8 em ação", - Cursos de Missões Transculturais em igrejas locais no Brasil e na América Latina. Professor/Supervisor de Capelania Clinica Hospitalar pela ACCC - The Association of Certified Christian Chaplains. Ele é Conferencista e Palestrante de temas diversos ligados ao desenvolvimento humano.

Made in the USA
Columbia, SC
27 January 2023

10352318R00085